한 권으로 끝내는

온라인

교육&회의

최현정, 박찬준, 박시은, 황예니, 이장덕, 주슬기 지음

BM (주)도서출판 성안당

한 권으로 끝내는
온라인 교육&회의

2021. 7. 21. 초 판 1쇄 인쇄
2021. 7. 30. 초 판 1쇄 발행

저자와의
협의하에
검인생략

지은이 │ 최현정, 박찬준, 박시은, 황예니, 이장덕, 주슬기
펴낸이 │ 이종춘
펴낸곳 │ BM (주)도서출판 **성안당**
주소 │ 04032 서울시 마포구 양화로 127 첨단빌딩 3층(출판기획 R&D 센터)
      │ 10881 경기도 파주시 문발로 112 파주 출판 문화도시(제작 및 물류)
전화 │ 02) 3142-0036
      │ 031) 950-6300
팩스 │ 031) 955-0510
등록 │ 1973. 2. 1. 제406-2005-000046호
출판사 홈페이지 │ www.cyber.co.kr
ISBN │ 978-89-315-5679-7 (13000)
정가 │ 22,000원

이 책을 만든 사람들
책임 │ 최옥현
진행 │ 최창동
본문 디자인 │ 인투
표지 디자인 │ 박원석
홍보 │ 김계향, 유미나, 서세원
국제부 │ 이선민, 조혜란, 권수경
마케팅 │ 구본철, 차정욱, 나진호, 이동후, 강호묵
마케팅 지원 │ 장상범, 박지연
제작 │ 김유석

■ **도서 A/S 안내**

성안당에서 발행하는 모든 도서는 저자와 출판사, 그리고 독자가 함께 만들어 나갑니다.
좋은 책을 펴내기 위해 많은 노력을 기울이고 있습니다. 혹시라도 내용상의 오류나 오탈자 등이
발견되면 **"좋은 책은 나라의 보배"**로서 우리 모두가 함께 만들어 간다는 마음으로 연락주시기
바랍니다. 수정 보완하여 더 나은 책이 되도록 최선을 다하겠습니다.
성안당은 늘 독자 여러분들의 소중한 의견을 기다리고 있습니다. 좋은 의견을 보내주시는 분께는
성안당 쇼핑몰의 포인트(3,000포인트)를 적립해 드립니다.

잘못 만들어진 책이나 부록 등이 파손된 경우에는 교환해 드립니다.

머리말

아직도 온라인에서의 활동을 망설이는 분들께

2020년 상반기 코로나 사태가 터지고 사실 이전에 우리가 경험했던 바이러스들처럼 조금만 지나면 괜찮아질 거라 믿으며 상황이 잠잠해지기만을 기다렸습니다. 하지만 우리의 생각은 아쉽게도 완벽하게 틀렸습니다. 나아가 코로나는 우리나라뿐만 아니라 세계인들에게 씻지 못할 상처와 비극으로 남게 된 역사적인 사건이 되어버렸습니다.

오프라인 공간에서 적게는 수십 명, 많게는 수백 명의 사람들과 함께 마스크 없이 웃고 떠들며 호흡했던 때가 언제 마지막이었는지 어느새 기억이 잘 나지 않을 정도로 시간이 흘렀습니다.

언제까지 '그래도 오프라인'이라는 생각을 가지고 계실 건가요?

저희도 처음 낯선 프로그램들을 공부하고 익히는 시간이 참으로 괴로웠습니다. 고된 하루 일정을 마치고 밤마다 주말마다 시간을 쪼개며 가장 많이 사용하는 프로그램부터 추가로 계속해서 다양한 협업 툴을 익혔습니다. 배우고 또 배워도 프로그램이 참 많았고, 어떤 것이 좋은 프로그램인지 어떤 것을 언제 써야 할지 몰라서 시행착오도 많이 겪었습니다. 온라인 회의와 교육을 처음 시작할 땐 얼마나 떨렸는지 그 기억이 생생합니다. 하지만 어느덧 오프라인보다 온라인이 더욱 편해지기 시작했습니다.

"나이 먹어서 새로운 프로그램을 익히기가 쉽지 않네요"

"오프라인보다 온라인은 아무래도 효과가 떨어지는 것 같아요"

지금 이 순간에도 이러한 생각들에 사로잡혀있는 내 모습들이 발견된다면 하루빨리도 아닌, 지금 이 순간에 사고를 전환하기를 간절히 부탁드리고 바랍니다. 코로나 사태로 너무나도 급작스럽게 온라인의 중요성이 빠르게 다가왔을 뿐 4차 산업혁명 시대를 살아가고 있는 우리가 언젠가는 배워야만 할 것입니다.

오프라인에서 공간 끝에 앉아 계셔 잘 보이지 않았던 분들의 모습도 내 눈앞에서 바로 확인 가능한 온라인 세상만의 매력에 흠뻑 빠져들기를 바랍니다. 실시간으로 올라오는 댓글들을 읽으며 답변을 달고 각 프로그램에서 제공하는 템플릿을 활용하여 오프라인보다 더욱 효과적인 회의와 교육을 진행하실 여러분을 기대합니다.

코로나가 터지고 본 책에 참여하신 분들 한 분 한 분 진심으로 여러분들을 위해 '어떻게 하면 쉽게 알려드릴 수 있을지', '정말 꼭 필요한 내용은 어디까지 일지' 수없이 고민하며 핵심만 요약하여 이 책을 집필하였습니다.

저희 모두의 진심이 여러분께 전달되기를 바라며...

저자 최현정, 박찬준, 박시은, 황예니, 이장덕, 주슬기

추천사

온라인 화상회의, 유튜브 영상 제작 및 중계, 온라인 교육 등은 비대면 언택트 시대에 필수적인 활동으로 자리 잡아가고 있다. 온라인 소통 기술의 발달은 인간의 삶에 어떤 제약도 능히 극복할 수 있음을 보여준다 하겠다. 이 책에서 저자는 온라인 세상으로 어떻게 이동해서 살아가야 하는지를 친절하고 자세하게 알려주고 있다. 사용되고 있는 대표적인 플랫폼들의 특장점은 물론 장비에 이르기까지 전문가가 가지고 있는 지식과 기술을 모두 담아내고 있는 실로 엄청난 책이다. 이 책에서 다루고 있는 내용의 양뿐만 아니라, 구체적인 사용 방법에 대한 상세한 설명은 어떤 책도 흉내 낼 수 없을 정도이다. 부록으로 제시하고 있는 온라인 강의 편집법도 유저의 입장에서 제시하고 있어 따라만 하면 누구나 배워서 사용할 수 있을 것이다.

– 김규수, 원광대 명예교수

이 책은 빠르게 변화하는 세상에서 온라인 교육&회의 고수가 될 법한 많은 온라인 플랫폼의 정보들이 들어 있다. 저자의 '우리의 현실을 인정하고 긍정 마인드를 세팅하자'라는 의견에 깊은 공감을 느낀다. 더불어 '코로나 사태가 끝나면 다시 예전의 방법들이 가능하겠지.'라는 생각보다는 이 책을 끝까지 읽고 위드 코로나 시대에 함께 생존하며 발맞추어 가길 바란다. 혹시 아직도 온라인 교육과 회의가 두렵다면 당장 이 책을 정독할 것을 강력히 추천한다.

– 고아라, 웃음치료 전문강사(GO스마일연구소 대표)

CONTENTS

PART 01
위드 코로나 시대, 이제는 온라인 교육이다.

PART 02
줌(Zoom)

PART 03
구루미Biz

CONTENTS

PART 04
MS팀즈 / 구글 Meet

PART 05
생중계 Live 플랫폼

PART 06
온라인 퍼실리테이션 도구의 이해

부록
1시간에 끝내는 초간단 온라인 강의 편집법

위드 코로나 시대, 이제는 온라인 교육이다.

2020 코로나 사태로 일상이 확 바뀌어 버린 지구촌

전 세계인들이 2020년을 되돌아볼 때 가장 먼저 떠오르고, 정리할 수 있는 단어는 단 세 글자인 '코로나' 일 것이다. 지금까지 세계사를 비롯하여 우리나라만을 생각했을 때에도 어떠한 측면에서는 코로나처럼 강력한 자연재해는 없었을 것이다. 특히나 잠시 스쳐 지나가는 자연재해가 아닌 지난 세월의 흔적들이 무의미할 만큼 우리들의 삶의 방식이 완전히 바뀌어 버린 점이 유난히도 마음을 아프게 한다.

밤낮없이 사람들로 북적였던 거리는 한산하게 비어있고, 한참 날씨 좋았던 날들에 스포츠 경기 관중석도 비워진 채 경기가 진행되었다. 또, 어린아이들부터 어르신들까지 남녀노소 구분 없이 마스크를 쓰고 거리를 활보하는 일상이 어느새 익숙해져 버렸다. 코로나 바이러스 하나로 인해 우리들의 삶이 순식간에 그 누구도 상상하지 못했던 모습으로 바뀌어 버린 것이다. 수많은 사람이 코로나로 울었고 극소수의 사람들은 코로나로 웃게 되는 일도 생겼다. 하지만 대다수의 사람에게 코로나는 웃을 수 없는 바이러스로 기억될 것이다.

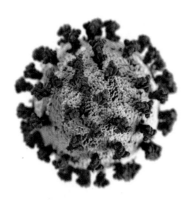 

그러나 도대체 언제까지 코로나 19와 우울감이 합쳐진 신조어인 '코로나 블루'에 빠져있을 것인가? 이제 우리는 더 이상 상심하며 멈춰있을 수 없다. 우리 앞에 펼쳐진 그리고 앞으로 펼쳐질 현실을 인정하고 '위드 코로나 시대'를 극복할 수 있는 긍정적인 마인드를 세팅해야 한다. 혹시나 지금까지도 코로나 사태 이전의 일상으로 완전히 돌아가기를 기대하는 마음만 가지고 있다면, 이 책을 통해 하루빨리 급변하는 사회에서 그 누구보다 속도감 있게 새로운 정보를 습득하며 유연하게 대처하고 나아가 더 멀리 있는 미래를 대비하기 바란다. 쉽지 않겠지만 코로나가 종식되더라도 우리가 2020년 그 이전의 모습으로 완벽히 돌아가기에는 꽤 멀리 와버렸다는 것을 인정하자.

1 코로나 전/후 오프라인 교육 시장

코로나 사태 전의 오프라인 교육 시장은 정말 오랜 시간 동안 우리가 너무나도 자연스럽게 접했던 그 모습 그대로이다. 학습을 위해서는 강의실이 필요하고 교사와 학생이 한 장소에 모여 있어야 한다. 학교, 학원 모두 끊임없이 배출되는 졸업생과 더불어 새롭게 등록한 학생들로 북적이는 나날이었다.

하지만 코로나 사태가 터지고 바이러스에 대한 두려움이 엄습했던 2020년 상반기에는 개인적으로 '언제 집 밖에 나갈 수 있을까?'라는 걱정부터 시작해서 '그래도 교육은 해야 하는데'라는 희망을 품고 지냈고, 사태가 지속되며 우리는 조금씩 현시점에서 최선의 대안들을 찾기 시작했다. 국

가적으로는 질병관리청의 주도하에 방역 지침이라는 것이 생겼고, 그에 따라 국민들이 행동했다. 특히나 코로나 장기화로 인해 저자를 비롯한 강사님들께서 어마어마한 혼란을 겪으며 잠시 또는 아예 강사 시장을 떠나기도 했고, 내일 아침 새롭게 뜨는 코로나 확진자 수 뉴스에 온 신경을 곤두세우며 하루하루 버티기도 하였다. 그렇게 우리 모두 무척이나 쌀쌀했던 2020년 봄을 기억하고 또 잊지 못할 것이다.

인생을 살아가며 '내일은 해가 뜬다'라는 말과 '이 또한 지나가리라'라는 말을 위로 삼아 고난을 겪을 때마다 나름대로 잘 인내하는 편인데, 다행히도 코로나 사태로 어지럽혀졌던 교육 시장의 질서 역시 조금씩 바르게 잡혀가기 시작했다. 엎치락뒤치락 강사와 학생 모두 꽤 길다면 길고 짧다면 짧을 수 있는 시간의 혼란을 겪어야 했지만 그럼에도 불구하고 우리는 대안을 찾아가고 있었다. 방역 지침 1, 2, 3 단계에 따라 수강생 인원수를 제한하여 강의를 진행하고 사회적 거리 두기를 실시하며 강의실에는 투명 가림막이 설치되는 등 교육 환경이 변화되었다.

학생들과 강사 모두 설렘과 두려움을 동시에 가지고 수업에 참여하는 기쁘고도 슬픈 날이 있기도 하였다. 코로나19 바이러스 백신이 일반인들에게 완전히 상용되기까지 우리는 지금까지 언급했던 상황들이 지속해서 반복될 것을 알고 있다. 하지만 아예 집 밖에 나가지도 못했던 날들을 기억하며 서로에게 위로와 응원을 보내도록 하자.

더불어 이제는 마스크를 착용하지 않고 선생님과 모르는 부분을 밀착해서 학습할 수 있는 기존의 교육 환경으로 되돌아가는 것이 생각했던 것보다 조금 더 오래 걸릴 수 있음을 체감했다. 다음 장에서는 코로나 장기화로 바뀌어 버린 온라인 교육 시장과 변화하는 수업 형태에 대하여 알아보겠다.

2 떠오르는 온라인 교육 시장과 변화하는 수업 형태

사실 코로나를 겪기 전에 온라인 교육 시장의 형태는 다소 단순했다. 소위 말하는 '인강' 시장이다. 주로 대입, 취업 등 시험 준비를 하는 수험생들이 애용하는 강의 형태였다고도 할 수 있겠다. 하지만 코로나 이후 온라인 강의 시장은 꽤 많이 변화하고 확장되었다. 내가 편한 시간과 장소에서 접속하여 수강하는 형태인 '인강' 뿐만 아니라 강사와 수강생이 실시간으로 온라인상에서 만나 오프라인 강의처럼 질문하고 답변하며 소통하는 방식의 강의를 진행하는 쌍방향 강의가 대중화되었다. 이에 따라 강사와 수강생 모두 쌍방향 강의가 가능한 온라인 실시간 화상 강의 프로그램을 새롭게 익혀야 했고, 다양한 협업 툴이 쏟아져 나오며 인터넷 강의, 온라인 강의 시장이 변화의 물결을 맞이하였다.

당신은 변화의 물결 가운데 어느 지점에 서 있는가? 기존의 온라인 강의 형태만을 수용하고 있는가? 또는 쌍방향 강의를 수강하고 있는가? 나아가 수업을 듣는 것에 그치지 않고 온라인상에 '나'만의 콘텐츠를 강의로 제작하여 홍보하며 적극적으로 빠르게 변화하는 세상에 선두 주자로 서서 시장을 이끌어가고 있는가? 이 책은 우리가 지금까지 상상하지 못했던 쌍방향 온라인 교육 프로그램과 교육을 조금 더 풍성하게 해주는 플랫폼들에 관하여 소개하고 활용법을 설명하는 책이다. 오프라인 교육과는 다르게 온라인에서는 새로운 프로그램 활용법을 알아야만 기존에 내가 강의하고 있던 콘텐츠를 온라인상에서 자유자재로 펼칠 수 있다. 기존에 내가 편리하게 이용했던 틀에 박힌 교육 방식만 고집하지 말고 변화된 환경에 맞추어 책에서 제시하는 가이드에 따라 프로그램을 하나씩 익혀가며 내 강의를 더욱 원활하게 진행 시켜줄 새로운 무기를 획득해보자. 다음 장에서는 본격적으로 교육 프로그램을 익히기 전 적어도 이것만은 필요한 온라인 교육 관련 장비들을 소개하려 한다. 우리 함께 새로운 변화에 부담 갖지 말고 이 책을 통해 내가 습득해야 하는 꼭 필요한 부분의 정보들을 하나씩 차근차근 살펴보도록 하자.

온라인 교육을 준비할 때 구입하면 좋은 장비 List

1 내 얼굴을 책임져줄 웹캠

온라인 교육을 준비할 때 가장 먼저 구입해야 하는 것은 아무래도 웹캠일 것이다. 내 노트북 사양이 최신 제품이고, 최신 제품이 아닐지라도 화상 캠이 노트북에 내장되어 있다면 상관없지만, 효과적인 교육을 위해 듀얼 모니터를 사용할 경우 웹캠은 필수이다. 제품은 두 가지를 추천하려 한다.

■ 로지텍 C920 Pro HD

❶ **가격** : 12~15만 원
❷ **장점** : FHD급 화질 (매우 선명하다), 오토포커스 (자동 초점 기능)
❸ **특징** : 내장 마이크 탑재

■ 조이트론 QHD40

❶ **가격** : 5~7만 원
❷ **장점** : 2K QHD를 지원하며 오토 포커스, 오토 화이트 밸런스 기능 제공
❸ **특징** : 고음질의 내장형 듀얼 마이크, 프라이버시 필터 탑재

2 웹캠이 없을 때는 스마트폰으로?

온라인 교육 문의를 받고 아직 장비 구매가 망설여진다면, 우선적으로 내가 가지고 있는 스마트폰을 적극적으로 활용해보자. 스마트폰을 활용할 시 주의점은 셀프 카메라가 아닌 후방 카메라를 사용하는 것이다.

특히나 요즘 출시되는 스마트폰 같은 경우에는 후방 카메라의 화질이 일반 카메라 못지않게 좋기 때문에 웹캠 구매 전 스마트폰을 활용해서 교육을 진행하기를 추천한다. 즉 PC에서는 강의안을 공유하고, 스마트폰은 삼각대를 설치하여 내 얼굴을 비추는 것이다. 삼각대는 스마트폰용 삼각대를 인터넷 또는 오프라인에서 손쉽게 저렴한 가격으로 구매할 것을 권장한다.

3 내 목소리를 꿀 보이스로 바꿔줄 마이크

■ 로데 NT-USB

❶ **가격** : 24~26만 원

❷ **장점** : 입증된 브랜드

❸ **특징** : 군더더기 없이 깔끔하게 녹음됨

■ 컴썸 MIC-900 PRO

❶ **가격** : 7~8만 원

❷ **장점** : 가성비가 좋음

❸ **특징** : 가격 대비 수음 품질 우수

■ 보야 BY-M1

❶ **가격** : 1~2만 원

❷ **장점** : 가격 저렴

❸ **특징** : 입문용으로 적합

생각보다 주변에서 마이크 없이 강의하는 강사들이 더 많은 것 같다. 물론, 노트북 또는 웹캠에 내장된 마이크를 사용해도 무방하지만, 마이크 설치 시 이전보다 더욱 편안하게 강의를 진행할 수 있을 것이다. 저자도 처음 마이크 없이 온라인 교육을 진행할 때 괜히 오프라인이 아니라서 그런지 음성이 수강생에게 잘 전달될지 의문이 들어 발성을 잘못했더니 2시간 강의하고 목이 많이 상한 적이 있었다. 그래서 강의를 마치고 바로 마이크를 구매하고 몇 번 사용하며 적응하다 보니 마이크 없이 강의를 진행할 때보다 목소리도 적게 낼 수 있어 체력 관리에도 좋고, 수강생에게도 강사의 음성이 더욱더 또렷하게 들리니 좋아하였다. 한 달에 최소 5회 이상 온라인 교육을 진행한다면 과감히 마이크를 구매하는 것을 추천한다.

4 없어도 되지만, 있으면 좋은 장비=조명

■ 대한 DH-RL18

❶ **가격** : 12~13만 원
❷ **장점** : 리모컨으로 무선 조작
❸ **특징** : 광량 및 색온도 조절 가능

■ 고독스 LR180

❶ **가격** : 7~8만 원
❷ **장점** : 가성비가 좋음
❸ **특징** : 색온도 조절 안됨

■ 룩스패드 43H

❶ **가격** : 33만 원대(두 개 세트 기준)
❷ **장점** : 영상 제작자들이 가장 많이 사용
❸ **특징** : 색온도 및 광량 조절 편리

조명은 사실 있으면 좋고, 없어도 무방하다고 느낄 수 있는 장비이다. 하지만 다른 강사들과 차별화를 두기 위한 전략으로도 좋고, 온라인 화상 교육 진행 시 내 모습이 조금 더 깔끔하게 나올 수 있는 굉장히 좋은 도구이므로 온라인 교육 횟수가 지속해서 늘어난다면 구매를 권한다. 일반인들 관점에서 조명이라는 단어는 듣기만 해도 어렵게 느껴질 수 있으나 위에 소개한 장비들은 누구나 쉽게 사용할 수 있는 장비이기 때문에 거부감 없이 구매하고 전원 버튼과 광량 조절 버튼만 잘 기억해서 활용하기를 바란다. 세 가지 장비 중 군이 하나만 구입하고자 할 때는 링라이트 형태인 조명 장비를 구입하기를 권장한다. 단일 장비 설치 시 효율이 가장 높다.

6 기타 장비

■ 스틸라이트 TM-1521BG

❶ **가격** : 약 7만 원
❷ **장점** : 촬영 시 비침이 거의 없음
❸ **특징** : 블루/그린 양면으로 제작되어 촬영 상황에 맞게 효율적으로 사용 가능

기타 장비로 다양한 장비 중에서 어떤 것을 선택할지 고민하다 크로마키 배경을 소개하려 한다. 사실 온라인 교육을 진행하는 데 이렇게나 많은 장비가 필요해? 라고 생각할 수 있지만, 교육의 질(Quality) 싸움인 것 같다. 물론 집에서 또는 사무실에서 그럴싸한 배경이 될 공간이 있다면 상관없을 수 있지만, 강사가 강의하고 있는 배경이 단조로워야 수강생들이 강의에 집중하기 편하다. 장비라는 것은 추가되면 될수록 좋은 부분이 많다. 하지만 가장 중요한 것은 이전 장에서도 말했듯이 내 상황과 예산에 맞는 장비 세팅이다. 강사에게 정말 필요한 장비는 탄탄한 강의안과 강의 내용이 우선임을 잊지 말자.

 온라인 강의 환경 초간단 세팅 방법

앞서 소개한 장비들을 참고하여 온라인 강의 환경을 간단하게 세팅하는 방법의 예시를 아래 그림을 통해 확인한 뒤 스스로 설치할 때 참고하자.

PART

02

줌(Zoom)

Chapter 01 ZOOM 플랫폼 소개 및 장점

2020년 상반기 코로나가 시작된 이후 줌(Zoom)을 활용한 비대면 회의는 이제 일상이 되었다. 비록 코로나로 인한 대면접촉은 잠시 멈추었을지언정 온라인 플랫폼을 활용한 비대면 접촉은 여전히 현재 진행형이다. 미국은 이미 10년 전부터 비대면 회의가 일상이었지만 한국에서는 대중적으로 활용되지는 못했었다. 하지만 비대면으로 업무를 처리하는 원격근무가 가속화되면서 이제는 크고 작은 회의부터 아주 작은 개인 동아리 모임까지도 줌을 활용하여 진행되고 있다.

기존의 환경은 물리적인 거리로 인해 수업을 포기하거나 자연환경 요인으로 인해 일정이 취소되는 경우도 쉽게 볼 수 있었다. 하지만 코로나 19를 계기로 많은 이들이 원격으로 이뤄지는 업무환경에 익숙해지게 되었고, 이제는 더 이상 거리와 외부환경이 장애물이 아님을 깨닫게 되었고 오히려 더 활발하게 수많은 회의와 수업, 각종 모임 등이 동시다발적으로 이뤄지게 되는 계기가 되었다.

이처럼 환경적인 요인으로 인해 출근을 할 수 없고, 수업을 갈 수 없는 일이 생겼을 때 줌을 활용하여 얼마든지 장소에 상관없이 진행할 수 있다. 현재 비대면 화상 프로그램에서 정말 많은 사용자를 보유하고 있는 프로그램이지만 한때는 보안상의 문제로 논란이 일기도 했다. 하지만 줌은 사용자를 보호하기 위해 암호와 대기실이 기본으로 세팅되었으며, 회의실 잠금 및 미팅 녹화 시 참가자가 인지할 수 있는 등 보안 방면에서도 끊임없이 업그레이드가 되어가고 있다.

또한, 젊은 세대들은 줌을 이용해 랜선 파티가 일상이 되었다. 가장 편한 장소에서 각자 먹을 것을 준비해 모여 앉아 수다를 떨기도 하고 소통을 함에 있어 그 어떠한 불편함도 느끼지 않는다는 것이 특징이다.

아울러 줌의 가장 큰 특징은 장소에 구애받지 않고 누구나 쉽게 사용할 수 있게 구성되어 있으며 준비물 역시 매우 간단하다. PC, 스마트폰, 노트북, 태블릿 등을 활용하여 바로 줌에 접속하여 회의에 참여할 수 있다. 다만 단순 참여자는 하나만 있어도 큰 문제는 없지만, 회의를 주최하는 호스트라면 여분의 장치를 함께 준비해 다양한 각도를 보여주는 등 회의에서 더욱 편리하게 이용할 수 있다.

줌의 장점은 화상회의 기능과 강의를 위한 화면 공유 기능이 뛰어난데 각종 문서, 화이트보드 기능, 스마트폰 화면, 영상 등 원하는 모든 자료를 실시간 공유하며 회의를 진행할 수 있다. 또한, 회의링크를 전달받거나 회의 아이디와 비밀번호만 알면 손쉽게 회의나 수업에 참여할 수 있고 40분간 최대 100명까지 무료로 회의를 주최할 수도 있다. 또한, 어떠한 기기로 접속하더라도 끊기지 않는다는 장점도 있다.

■ 줌 요금제 안내

줌은 총 4개의 요금제가 있으며 활용도에 따라 요금제를 달리 사용하면 된다. 개인 회의를 위한 기본이 있으며, 최대 100명까지 참가할 수 있으며, 사용료는 무료이다. 다만 최대 회의 시간이 40분이며 이후에는 방을 다시 개설해야 하는 번거로움이 있다.

기본 위 단계인 프로 요금제 역시 최대 100명까지 참여할 수 있지만 회의는 한 번에 24시간만 지속할 수 있다. 줌을 활용해서 회의나 강의를 자주 하는 사람이라면 프로 요금제를 사용할 것을 추천한다.

무료와 유료 모두 최대 100명까지 참가할 수 있지만 무료는 한 번에 40분만 회의를 지속할 수 있는 반면, 유료는 한 번에 24시간까지 지속할 수 있기 때문에 무제한으로 이용이 가능하다. 1:1 회의를 하는 경우라면 무료회원도 무제한으로 이용할 수 있지만 다수를 초대하는 경우라면 40분마다 방을 개설하는 것이 매우 번거롭기 때문에 유료회원을 추천한다. 또한 프로와 비즈니스의 비용 차이가 얼마 안 나 보여서 비즈니스를 결제하는 경우가 있는데, 최소 10개를 구매해야 하기 때문에 최종 비용은 1,999불이 되므로 주의하도록 한다. 프로 요금제를 결제할 때 호스트 라이선스를 최대 9개까지 추가로 구매할 수 있으며, 추가될 때마다 금액이 추가된다.

02 줌 회원가입 및 설정 방법 A to Z

01 📹 줌 시작하기

1 줌 사이트 접속 및 계정 개설하기

비대면 수업을 진행하기 위해서는 반드시 줌 프로그램을 실행해야 한다. 줌 사이트를 검색하고 프로그램을 다운로드한 후 설치하여 사용한다.

01 먼저 줌 사이트에 접속한다. → http://zoom.us

무료 회원가입을 하기 위해서 우측 상단의 [무료로 가입하세요] 버튼을 클릭한다.

02 인증을 위해 생년월일 입력 후 [계속] 버튼을 클릭한다.

03 업무용 이메일 주소를 입력하고 [가입] 버튼을 클릭한다. 만약 이미 아이디가 있는 경우 로그인을 클릭하여 바로 접속한다.

04 구글 아이디가 있는 경우 아이디 입력 후 계정 만들기 진행이 가능하다.

– 페이스북 아이디가 있는 경우 아이디 입력 후 계정 만들기 진행이 가능하다.

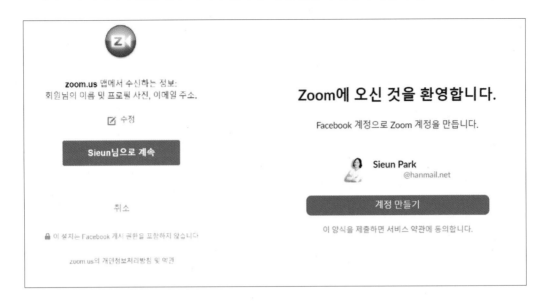

05 ④번에서 입력한 이메일 주소로 확인 메일을 발송하므로 메일에서 확인한다.

@naver.com에 이메일을 보냈습니다.
Zoom 사용을 시작하려면 해당 이메일의 확인 링크를 클릭합니다.

이메일을 받지 못한 경우, 다른 이메일을 재전송하세요.
Resend another email

06 입력한 메일을 로그인하고 들어가면 계정 활성화를 요청하는 메일이 와있을 것이다. 여기서 [계정 활성화]를 클릭한다.

07 학교를 대표해서 가입하는지 여부를 묻는 질문이 나오는 경우, 정말 학교를 대표하여 가입하는 경우 외에는 모두 '아니요'를 선택한 후 [계속] 버튼을 클릭한다.

08 이름을 입력 후 비밀번호를 입력하는데, 반드시 8자 이상 입력해야 하고 문자(대문자, 소문자 포함)와 숫자를 섞어 8자 이상 입력해야 한다.

09 지인을 초대할 것인지에 대한 화면이 나오면, 초대하는 경우 이메일을 입력하고 그렇지 않은 경우에는 이 단계를 건너뛰어도 무방하다.

10 이제 모든 가입 절차가 끝났으며, 바로 [내 계정으로 가기] 버튼을 클릭하여 들어간다.

11 이제 모든 가입 및 개설 절차는 마무리되었으며, 추후 프로필 설정 및 줌 설정 등은 모두 내 계정 화면에서 진행한다.

2 개인 프로필 사진 설정

줌 회의에 접속하게 되면 처음부터 비디오를 끄고 참여하거나 회의 중간 잠시 쉬는 시간에 화면을 끄는 경우가 있다. 그때 나를 나타내는 프로필 사진으로 설정해둔다면 화면이 꺼져 있더라도 나를 잘 나타낼 수 있다. 내 계정을 나타내는 사진이기에 내 얼굴 사진 혹은 로고 등을 미리 준비해서 업로드할 때 사용하도록 한다.

01 내 계정-프로필 영역에서 사람 얼굴 아이콘 하단의 **[변경]** 버튼을 클릭한다.

02 [업로드] 버튼을 클릭하여 준비된 사진을 불러온다.

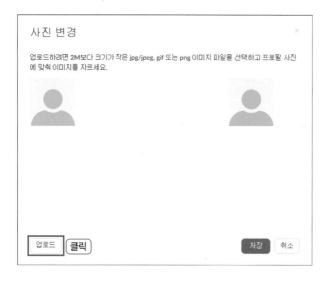

03 불러온 프로필 사진을 원하는 크기에 맞춰 사이즈 조절을 한 후 [저장] 버튼을 클릭한다.

04 계정 프로필 사진 세팅이 완료되었다.

05 사진을 설정하면서 이름도 변경 가능하다. 우측에 있는 [편집]을 클릭하면 이름을 입력할 수 있으며, 원하는 이름으로 입력 후 [변경 저장] 버튼을 클릭한다.

이때 저장해둔 이름은 추후 줌 회의에 들어갔을 때 자동으로 설정되는 이름이며, 회의 성격에 따라 줌 프로그램 안에서도 얼마든지 변경 가능하다.

3 줌 환경 설정하기

줌 프로그램을 사용할 때 꼭 필요한 설정 부분이 있다. 물론 줌 회의를 진행하면서 그때마다 필요에 따라 설정할 수 있지만, 이곳에서 대략적인 설정을 한 번만 해둔다면 회의 때마다 별도로 설정할 필요가 없다.

01 프로필을 설정했던 내 계정의 하단에 있는 [**설정**] 버튼을 클릭한다. 크게 회의, 기록, 전화 설정으로 나뉘며, 회의에서 보안, 예약, 회의(기본), 회의(고급) 등을 설정할 수 있다.

02 회의 설정의 가장 상단에 있는 보안 부분에 있는 대기실은 활성화를 해두도록 하자. 대기실을 꼭 활성화시켜서 참가자들이 회의 참여 시 우선 대기실에 입장하고 호스트가 수락한 사람만 입장하도록 한다.

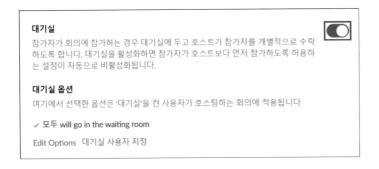

– 대기실 옵션을 클릭하면 대기실에 어떤 사용자를 머물게 할 것인지 선택할 수 있다.

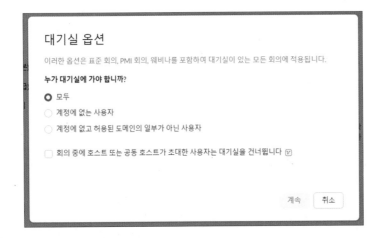

03 '특정 지역/국가의 사용자 입장 허용 또는 차단' 기능을 활용하면 지정한 지역에서 접속한 사용자만 허용 혹은 차단할 수 있다.

특정 지역/국가의 사용자의 입장 허용 또는 차단

특정 지역 또는 국가의 사용자를 승인 목록 또는 차단 목록에 추가하여 귀하의 계정의 회의/웨비나에 참가할 수 있는지 여부를 결정합니다. 차단 지역은 해당 지역에서 참가하는 참가자에 대해 CRC, 전화 접속, 내게 전화 걸기 및 전화로 초대 옵션을 제한할 수 있습니다.

특정 지역/국가의 사용자의 입장 허용 또는 차단

○ 선택한 지역/국가의 사용자만 허용

○ 선택한 지역/국가의 사용자 차단

지역/국가

```
Select regions or countries
```

저장   취소

---

04 공동 호스트는 대기실 수락, 화면 공유, 소리 조절 등 호스트가 갖는 권한을 함께 지닌다. 따라서 회의에서 호스트와 협업하기 좋은 유료 기능이며, 회의 설문조사는 줌 회의 내에서 바로 진행할 수 있는 기능이다.

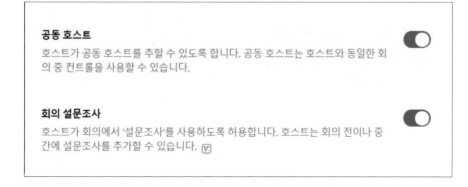

공동 호스트

호스트가 공동 호스트를 추할 수 있도록 합니다. 공동 호스트는 호스트와 동일한 회의 중 컨트롤을 사용할 수 있습니다.

회의 설문조사

호스트가 회의에서 '설문조사'를 사용하도록 허용합니다. 호스트는 회의 전이나 중간에 설문조사를 추가할 수 있습니다.

줌 자체적으로 설문조사 기능을 활용하면 수업 전후로 질문을 할 수 있다. 기능을 활성화하고 줌 회의 창을 실행한 후 화면 하단의 [설문조사]를 클릭한다.

[질문 추가하기]를 클릭하고 질문을 작성한 후 저장을 클릭하면 아래와 같이 설문조사 질문이 만들어진다. 참가자들이 모두 들어왔을 때 [설문조사 시작]을 눌러 진행하도록 한다.

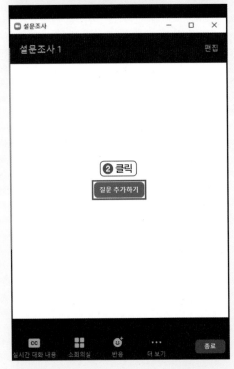

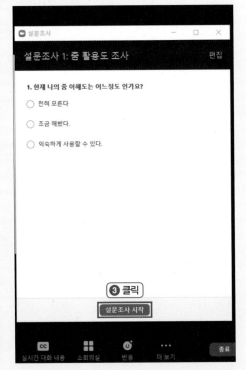

05 줌 회의에서 중요한 기능 중 하나는 바로 화면 공유이다. 따라서 반드시 활성화해두고 줌 회의를 진행하면서 필요한 화면들을 공유하도록 한다.

화면 공유
호스트와 참가자가 회의 중에 화면이나 콘텐츠를 공유할 수 있도록 허용합니다.

누가 공유할 수 있습니까?
◉ 호스트만   ○ 모든 참가자 ⑦

다른 누군가가 공유 중인 경우 누가 공유를 시작할 수 있나요?
◉ 호스트만   모든 참가자 ⑦

06 최근 줌 활용 수업 및 회의가 많아지면서 의도치 않게 사생활 노출이 잦아지고 있다. 이러한 불편을 최소화할 수 있는 기능이 바로 가상 배경이다. 가상 배경으로 하고 싶은 이미지를 선택하면 회의 참여 동안은 사생활 공간이 아닌 해당 이미지가 보이므로 한결 편안하게 참여할 수 있게 된다.

가상 배경 이미지
배경을 사용자 지정하여 회의에서 다른 사람에게 주변이 공개되지 않도록 할 수 있습니다. 녹색 화면의 유무에 관계없이 사용할 수 있습니다.

☑ 가상 배경에 비디오 사용 허용 ⟱

가상 배경 관리 ⑦

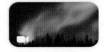

07 페이스북이나 유튜브에서 실시간 스트리밍으로 동시에 회의를 할 수 있다. 유튜브 스트리밍을 하는 경우 공개, 일부 공개, 비공개로 할지 바로 선택 가능하며, 스트리밍을 계획한 경우는 반드시 하루 전에 계정 활성화를 시켜두도록 한다.

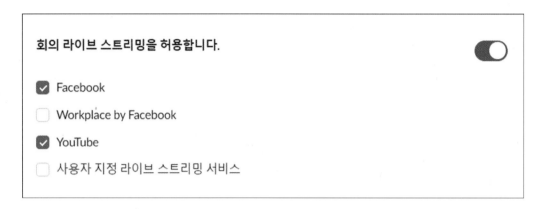

4 줌 프로그램 다운로드 및 실행하기

자 이제 가입과 개인 세팅이 완료되었다면 줌 프로그램을 다운로드하여 설치해보자. 해당 프로그램을 설치해야만 줌을 활용한 각종 회의에 참여할 수 있기 때문에 반드시 설치하도록 한다. 모바일은 플레이스토어나 앱스토어에서 '줌 클라우드 회의'를 검색해 앱을 다운로드한다.

01 줌 메인화면의 우측 상단 리소스를 클릭하여 [줌 클라이언트 다운로드]를 선택한다.

02 다운로드 센터의 회의용 줌 클라이언트를 [다운로드] 버튼을 클릭하여 다운로드한다.

03 다운로드한 파일을 실행하면 컴퓨터에 바로 설치 진행이 된다.

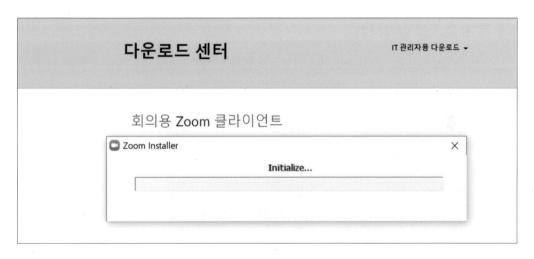

04 설치가 완료되면 바로 줌 화상회의 프로그램이 실행되며, 여기서 바로 [새 회의]를 클릭하여 회의를 진행하거나 [참가]를 클릭하여 회의에 참여하면 된다.

5 줌 프로그램 실행하기

프로그램 설치가 완료되었다면 이제 실행시켜 회의를 시작해보자.

01 바탕화면에 바로가기로 설치된 줌 프로그램 아이콘을 클릭하여 연다.

02 [로그인] 버튼을 클릭하여 내 계정에 접속한다.

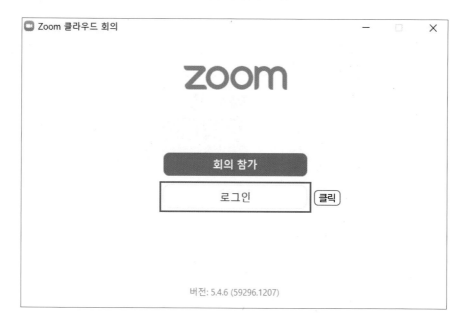

03 계정 가입 당시 적었던 아이디와 비밀번호를 입력하고 로그인을 하도록 한다. 줌 비밀번호는 대문자가 함께 있기 때문에 잘 적어두도록 하자. 아울러 앞서 언급한 것처럼 구글과 페이스북을 활용하여 로그인도 가능하다.

04 다음은 줌 회의 프로그램 화면에 대해 알아보도록 하자.

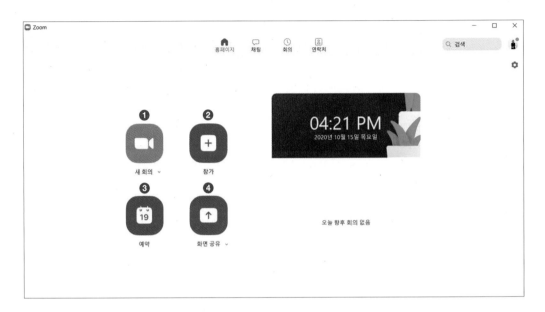

줌 프로그램을 실행한 후 회의를 바로 시작하려면 [새 회의]를 클릭하고, 단순 참가만 하는 경우는 [참가]를 클릭하여 참여한다.

❶ **새 회의** : 별도의 예약을 하지 않고 바로 회의실을 개설하여 진행하는 경우 사용한다.

❷ **참가** : 타인의 줌 회의에 참가하기 위해서는 [참가] 버튼을 클릭하여야 한다. 물론 전달받은 링크를 타고 바로 오는 경우도 있지만 회의 아이디를 받은 경우 아이디를 입력하고 입장한다.

❸ **예약** : 회의를 진행할 날짜를 미리 정해둘 수 있다. 회의 날짜, 시간, 비디오, 오디오 등 호스트가 미리 설정해둘 수 있다.

❹ **화면 공유** : 회의를 진행하면서 참가자들에게 보여주는 파일, 사진, 영상 등 보여줄 부분을 공유할 수 있다. 보통은 줌 회의를 진행하면서 필요에 따라 보여주는 경우가 많다.

02 ▌ 줌 회의 개설 및 참여

1 새 회의 개설

앞서 줌 환경 설정 및 프로그램 다운로드까지 완료했으니 이제는 새 회의를 개설해보자. 회의는 예약을 해서 진행하는 경우도 있지만 필요에 따라 바로 개설해서 진행하는 경우도 많다. 바로 회의 프로그램을 실행시켜 회의를 개설해보자.

01 바탕화면에 다운로드한 줌 프로그램을 실행시키고 로그인을 한다.

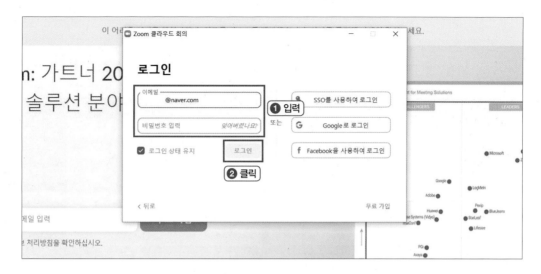

02 프로그램에 로그인하고 나면 회의를 개설할 수 있는 화면이 열리게 되며, [새 회의] 버튼을 클릭하여 바로 시작한다.

03 회의에 참여하려면 오디오와 비디오 체크는 반드시 해야 한다. 프로그램을 열고 좌측 하단의 '오디오 참가' 화살표를 클릭하여 스피커 및 마이크 테스트를 진행한다. 스피커 테스트가 시작되면 벨소리가 나는데 잘 들리면 [예] 버튼을 클릭하고, 마이크 테스트 역시 마이크로 재생하는 소리가 잘 들리면 [예] 버튼을 클릭한다.

2 새 회의 미리 예약하기

온라인으로 회의 및 수업을 진행하다 보면 바로 시작하는 경우도 있지만 때로는 회의를 일정에 맞춰 미리 예약을 해둘 수도 있다. 예약하면서 해당 회의에 대한 회의 주제, 비밀번호 설정 및 대기실 기능도 활성화해둘 수 있다. 호스트 입장에서는 회의 참가자가 너무 일찍 접속해서 들어오게 되면 사전 세팅하는 데 불편할 수도 있기 때문에 모든 참가자는 대기실에 잠시 머물게 하는 편이 좋다.

또한 대기실은 호스트가 회의 입장을 수락해야만 입장이 가능한 만큼 선별해서 입장시킬 수 있고, 회의 시작 전 대기실에 모여 있는 참가자들을 한번에 수락할 수도 있는 편리한 기능이다.

자 그럼 회의 예약을 진행해보도록 하자.

01 새 회의를 개설했을 때와 마찬가지로 줌 회의 프로그램을 열어 로그인을 한 뒤 **[예약]** 버튼을 클릭한다.

02 내가 주관하고자 하는 회의 주제를 가장 상단에 적어준 뒤 시작 날짜를 지정한다.

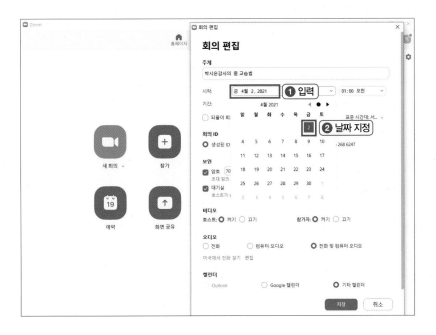

03 회의 ID는 자동으로 생성하고 보안을 위해 비밀번호 역시 설정해두자. 아울러 앞서 말한 참가자가 대기하는 대기실 기능도 체크하여 활성화해두도록 한다.

04 오디오는 전화 및 컴퓨터 오디오에 활성화해두고 입장 시 참가자 음소거도 반드시 체크해두도록 하자. 이유는 회의에 참가하는 참가자들이 회의 중간에 참여를 할 때 시끄러운 소음 소리가 함께 난다면 호스트 및 다른 참가자들에게 방해가 되기 때문이다.

05 예약 설정을 하고 [저장]을 클릭하면 저장 중이라는 메시지가 뜨며 회의 예약이 완료된다.

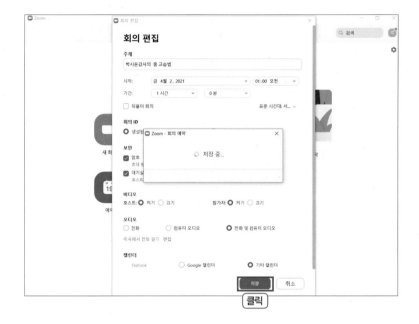

클릭

3 예약된 회의 일정 변경하기

일정에 맞춰 미리 회의 예약을 해두지만 때로는 상황에 따라 일정 변경을 해야 하는 일이 발생하기도 한다. 그럴 때는 줌의 예약 회의 일정 변경을 활용하면 된다.

01 회의를 먼저 예약해두고 해당 회의 일정을 변경해보도록 하자. 상단의 [회의] 버튼을 클릭하여 기존 예약된 회의 목록을 열어본다.

02 미리 예약해둔 회의 이름을 확인하고 [편집] 버튼을 클릭하여 회의 주제, 회의 날짜, 시간, 비밀번호 등을 수정하고 다시 [저장] 버튼을 클릭하여 예약 일정 변경을 완료하도록 한다.

4 줌 회의 초대하기

줌 회의를 주관하고 내 회의에 참여해야 하는 참가자들에게 줌 링크를 반드시 보내줘야 한다. 회의 초대는 카카오톡이나 문자, 이메일 등을 통해서 다양하게 초대가 가능하다.

01 예약 회의 초대하기

예약된 회의에 미리 초대 링크를 발송해두기 위해서 상단의 [회의] 버튼을 클릭한다.

02 회의 초대 표시를 클릭하여 줌 회의 참가 URL과 회의 ID, 비밀번호까지 한번에 드래그해서 복사한 다음 발송한다.

03 회의 프로그램 안에서 초대를 하는 방법은 하단의 [참가자]를 누르고 우측 하단의 [초대] 버튼을 클릭한다.

04 [초대 링크 복사]는 해당 회의 초대 URL이 바로 복사되고, [초대 복사]를 클릭하면 초대 URL을 포함 회의 ID와 비밀번호까지 함께 복사된다.

05 또는 회의 좌측 상단의 초록색 체크 버튼을 클릭하면 회의 ID와 암호, 초대 링크까지 확인할 수 있다.

06 [초대 링크 복사]와 마찬가지로 [**참가자**] 버튼을 클릭하여 이번에는 이메일을 선택해본다. 기본 이메일, Gmail, Yahoo 메일 등이 있으며, 사용하는 메일을 클릭하여 발송하면 된다.

07 책에서는 기본 이메일을 클릭하여 진행해보았다. 초대 링크 및 회의 ID, 암호는 자동으로 복사되어 이메일 내용에 첨부되고 호스트는 참가자 이메일만 정확히 입력하여 발송하도록 한다.

08 참가자의 메일을 확인해보면 해당 강의 메일이 도착했고, 줌 초대 URL을 클릭하여 회의에 바로 참가한다.

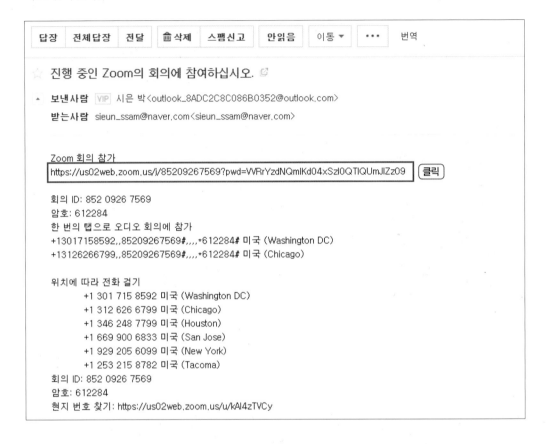

5 줌 회의 스마트폰으로 참여하기

줌 회의는 PC는 물론 스마트폰으로도 회의 개설 및 참여가 가능하다. PC와 마찬가지로 스마트폰으로 접속을 하기 위해서는 줌 클라우드 미팅 앱을 반드시 설치해야 하며, 이후에는 언제 어디서나 줌 미팅에 참여할 수 있다.

01 스마트폰에서 줌 회의에 참여하기 위해서 줌 클라우드 미팅 앱 설치를 해야 한다. 이후 화면에서 줌 앱을 클릭하고 프로그램을 실행시킨다.

02 줌 프로그램을 실행시키고 PC와 동일한 계정으로 로그인을 하면 새 회의, 회의 참가, 회의 예약 등을 할 수 있는 홈 화면이 열린다. 새 회의를 스마트폰으로 시작하려면 **[새 회의]**를 클릭하여 바로 진행할 수 있으며, 회의에 참가만 하려고 할 때는 카카오톡 혹은 이메일로 받은 링크를 클릭하거나 홈 화면에 있는 **[참가]** 버튼을 클릭하여 입장한다.

03 [참가] 버튼을 클릭한 후 호스트에게 제공받은 회의 참가 ID를 클릭하고 참가 이름을 설정한 후 [참가] 버튼을 클릭한다. 만약 참가할 때 오디오나 비디오 연결을 원치 않는 경우는 참가 옵션에서 끄고 참가하도록 한다. 이어서 회의 암호도 함께 입력한다.

만약 카카오톡이나 이메일로 받은 회의 참여 URL은 이미 회의 암호가 포함되어 발송되므로 별도로 입력할 필요가 없지만 ID를 입력하는 경우는 반드시 암호를 클릭하여야 한다.

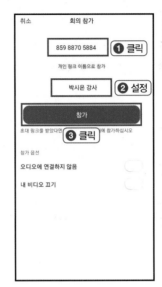

6 회의 참여 수락 및 일괄 수락하기

01 참자가가 회의 참가 ID 및 암호까지 입력하면 '잠시 기다려주십시오. 회의 호스트가 곧 귀하를 들어오게 할 것입니다'라는 문구가 뜨며, 동시에 호스트의 화면에는 대기실에 입장한 참가자의 이름이 표시된다. 회의 참가자가 맞다면 수락을 클릭하여 회의에 들어오도록 한다.

▲ 참가자 화면

▲ 호스트 화면

02 호스트가 대기실에서 회의 참여를 수락했기 때문에 바로 회의를 진행하면 된다.

03 대기실에서 대기하고 있는 참가자들에게 호스트는 일괄 메시지도 발송할 수 있다. 대기실 옆의 메시지를 클릭하여 전하고자 하는 메시지를 입력하면 참가자의 대기실 화면에 바로 확인이 가능하다.

▲ 호스트가 메시지 발송

▲ 참가자 대기실

▲ 메시지 확인

04 대기실을 보면 회의에 참여하기 위해 대기하고 있는 참여자 리스트를 확인할 수 있다. 개별 수락도 가능하고 모든 참가자를 한 번에 모두 수락을 할 수도 있다.

7 대기실 활용 및 참가자 강퇴시키기

01 필요에 따라 호스트는 회의에 참여한 참가자를 대기실로 다시 보낼 수 있다. 대기실로 이동 시켜야 하는 참가자 이름 위에 마우스를 대면 '더 보기'가 보이고 클릭하면 [대기실에 배치] 메뉴 가 보인다.

02 해당 참가자는 이제 대기실에서 호스트가 수락하기 전까지는 회의에 참여할 수 없다.

03 호스트는 본 회의와 관계없는 참가자가 대기실이나 회의실에 입장한 경우 강퇴를 시킬 수 있다. 다만 강퇴를 당하는 경우는 다시 입장이 불가능하다. 강퇴를 시키고자 하는 사람 이름 위에 마우스를 대고 [더 보기]를 클릭하고 [제거] 버튼을 클릭한다.

04 참가자를 제거하는 경우 다시 회의에 참여할 수 없다는 문구가 보이고 [제거] 버튼을 클릭한다. 강퇴 당한 참가자는 '호스트가 이 회의에서 귀하를 제외했습니다'라는 문구가 표시된다.

03 ▶ 줌 회의프로그램 활용하기

1 화면 표시 알아보기

줌을 활용하여 화상회의를 진행하려면 프로그램 안의 화면 표시를 숙지해두는 편이 좋다.

❶ **음소거 :** 참가자 소리를 끌 수 있다.

❷ **비디오 중지 :** 참가자의 비디오가 꺼지고 이름만 화면에 표시된다.

❸ **보안 :** 회의 관련 대기실 사용 여부, 참가자에게 제공하는 권한의 범위 등을 설정할 수 있다.

❹ **참가자 :** 버튼을 클릭하면 회의에 참여하는 참가자의 리스트가 9번의 우측 창에 표시되고 이름 및 프로필 사진 편집을 할 수 있다.

❺ **채팅 :** [채팅] 버튼을 클릭하여 ❾번의 채팅 창에서 대화할 수 있다. 채팅을 참여자 모두에게 보낼 수도 있고 한 명에게 비공개로 보낼 수도 있다. 또한 파일 전송도 가능하다.

❻ **화면 공유 :** 회의를 진행하는 호스트가 참가자들에게 보여줄 화면을 띄우는 버튼이다. PPT, 웹사이트, 동영상, 화이트보드 등 다양한 화면을 띄울 수 있다.

❼ **기록 :** 회의 내용을 기록하는 버튼이다. 기록이 진행될 때는 좌측 상단에 기록되고 있다는 문구가 뜨게 되어 참가자들 모두 기록 중임을 인지할 수 있다. 회의가 종료되면 자동으로 파일이 MP4로 변환되어 저장된다.

❽ **소회의실 :** 참가자들을 각각 소회의실로 보내 별도로 회의를 진행하게 하는 버튼이다.

2 참가자의 음성과 비디오 제어하기

회의를 원활하게 진행하기 위해서는 호스트가 참가자의 음성과 비디오를 제어해야 하는 경우가 가끔 발생한다. 음성과 비디오를 끄거나 반대로 켜도록 요청할 수 있다.

01 호스트가 음성과 비디오가 꺼져 있는 참가자의 화면 위에 마우스를 대면 화면 우측 상단에 파란 점 3개가 표시되고, 해당 버튼을 클릭하면 음소거 해제 요청과 비디오 시작 요청을 할 수 있다.

02 참가자의 화면에는 호스트가 요청한 메시지가 뜨게 되고 수락 여부를 판단할 수 있다.

3 참가자 목록 및 호스트 권한 설정

회의를 진행하다 보면 제3자에게 호스트 권한을 위임해야 하는 경우가 발생하기도 한다. 그럴 때는 호스트 만들기를 하여 권한을 아예 넘겨주던지 유료회원에게 있는 공동 호스트 만들기 기능을 활용할 수 있다.

01 호스트로 지정하고 싶은 참가자의 목록에서 [더 보기] 버튼을 클릭한 후 **[호스트 만들기]**를 클릭한다. '호스트를 지정한 참가자로 변경하겠느냐'는 문구가 뜨면 [예] 버튼을 클릭한다.

02 이제 모든 호스트 권한은 지정한 참가자에게 넘어갔다. 호스트로 변경된 해당 참가자가 다시 권한을 넘겨주기 전까진 호스트로서의 권한을 갖지 못한다.

4 채팅 및 파일 전송하기

줌 회의를 진행하다 호스트가 실시간으로 참가자들의 의견을 듣거나 질문사항 등을 받기 위해 채팅을 사용하는 경우가 굉장히 많다. 혹은 호스트로 지정된 참가자가 비공개로 서로 채팅을 주고받을 수도 있다.

01 하단의 메뉴바에서 **[채팅]** 버튼을 클릭하여 창을 열어주고 우측 메시지를 입력하는 공간에서 메시지를 입력한다.

02 채팅 창은 대화 기능 외 파일을 주고 받을 수 있는 기능도 있다. 참가자가 호스트에게 제출하거나 반대로 호스트가 참가자에게 실시간으로 보내줄 파일이 있다면 이 기능을 활용해보도록 하자. 채팅 창에 있는 **[파일]** 버튼을 클릭하고 **[내 컴퓨터]**를 클릭한다.

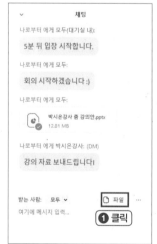

03 파일 상자가 뜨면 공유할 파일을 선택하고 [**열기**]를 클릭하면 채팅 창에 파일이 실시간으로 업로드된다.

5 가상 배경 활용하기

온라인 참여를 함으로 인해 정돈되지 않은 주변 환경 때문에 화상회의가 망설여졌던 경험이 누구나 한 번쯤은 있었을 것이다. 특히 회의를 진행할 때 반드시 비디오를 켜야 하는 호스트 입장에서는 깔끔한 뒷배경은 필수요소 중 하나이다.

줌에서 제공하는 가상 배경을 제대로 활용하는 방법과 더불어 필요한 이미지를 추가하는 방법을 함께 알아보자.

01 줌의 가상 배경을 사용하기 위해서는 [비디오 시작]의 상세 버튼을 클릭하여 [**가상 배경 선택**]을 클릭한다.

02 [배경 및 필터]를 선택하고 원하는 배경 사진을 클릭하면 뒷배경이 선택된 사진으로 변경된다.

▲ 다른 배경을 활용한 예시

비디오 설정 화면 하단의 [스튜디오 효과]를 누르면 간단한 메이크업 기능을 활용할 수 있으며 눈썹 기능, 수염 기능, 입술색 기능 등을 다양하게 사용할 수 있다.

6 소회의실 개설하기

오프라인 회의를 할 때는 각 팀별로 회의를 진행하는 경우가 더러 있다. 줌을 활용한 온라인 회의에서도 목적별로 나눠서 회의했다 다시 모여서 회의를 하고 싶을 때는 어떻게 하면 될까?

줌에서 제공하는 소회의실 기능을 활용하면 간단하다. 호스트가 참가자들을 목적별로 나눠서 각각 소회의실로 배치하고 팀별 회의를 진행할 수 있다.

01 내 계정의 설정에 들어가서 (31쪽 줌 환경설정 참조) 회의 고급 설정 기능에 있는 **[소회의실]** 버튼을 활성화시킨다.

02 줌 회의 프로그램에 접속하면 하단의 메뉴바에 [소회의실] 버튼이 자동 생성되어 있는 것을 확인할 수 있다. 소회의실을 개설하기 위해서는 **[소회의실]** 아이콘을 클릭한다.

03 [소회의실] 버튼을 클릭하면 바로 소회의실 만들기 창이 뜨게 되고 몇 개의 소회의실을 개설할 것인지, 또한 자동 혹은 수동으로 할당할 것인지, 직접 선택하게 할 것인지에 대한 문구가 뜬다. 보통은 호스트가 각 방마다 목적에 맞게 수동으로 할당을 하는 편이다. **[만들기]** 버튼을 클릭하면 소회의실이 개설된다.

04 소회의실은 알아보기 쉽게 이름을 변경할 수 있으며, 참가자들을 어느 방으로 할당할지 수동으로 선택할 수 있다. 회의실 옆에 **[할당]**을 클릭하면 표시되는 참가 가능한 팀원의 이름이 표시되고 할당할 회의실을 클릭한다.

05 호스트가 소회의실을 원활하게 진행하기 위해서는 옵션에서 "할당된 모든 참가자를 자동으로 소회의실로 이동합니다"라는 문구에 체크한다. 이것을 활성화해두지 않으면 호스트가 할당할 때 참가자에게 소회의실로 이동 여부를 매번 확인하게 되고 나중에 버튼을 누르게 되면 해당 참가자는 소회의실로 들어오지 않고 메인 세션에 남게 된다.

7 소회의실에서 호스트에게 도움 요청하기

소회의실에서 회의 진행 시 호스트의 도움이 필요할 때 참가자들은 메인 세션에 있는 호스트에게 도움을 요청하여 자신이 있는 소회의실로 초대할 수 있다.

01 호스트가 할당한 참가자들이 소회의실로 들어가게 되면 이름 앞에 초록색 표시가 뜨게 되며 메인 세션에는 호스트만 남게 된다.

02 참가자들이 호스트의 도움이 필요할 때는 화면의 **[도움 요청]** 버튼을 클릭한다. "도움을 요청하기 위해 호스트를 이 소회의실에 초대할 수 있습니다"라는 문구가 나오면 **[도움 요청]**을 클릭한다.

03 참가자가 도움을 요청한 경우 호스트의 화면에는 도움을 요청한 팀과 팀원의 메시지가 뜨게 되며, **[소회의실 참가]** 버튼을 클릭하여 해당 회의실로 입장한다.

04 소회의실에서 참여가 끝난 호스트는 다시 메인 세션으로 돌아가 있어야 다른 소회의실로 참여할 수 있기 때문에 회의를 마친 후 하단의 **[소회의실 나가기]**를 클릭하고 메인 세션으로 돌아간다.

8 팀원 간 방 이동하기

회의를 진행하다 참가자들의 방을 이동해야 하는 경우에 활용할 수 있는 기능이다.

01 호스트가 각각 나눈 소회의실 안의 참가자를 다른 방으로 보내기 위해서는 이동하고자 하는 참가자의 이름에 마우스를 대면 '이동'이라는 문구가 뜨면서 어느 방으로 갈 것인지 생성된 방의 이름도 모두 표시된다. 이때 이동시킬 방의 이름을 클릭하면 바로 이동된다.

02 호스트에 의해 참가자들의 방 이동이 완료되었다.

9 메인 세션으로 다시 돌아오기

소회의실에서 참가자들이 충분한 회의를 마쳤다면 이제 다시 메인 세션으로 모여 회의를 진행해야 하는데, 호스트는 참가자들에게 전체 방송을 띄울 수 있고 소회의실을 닫을 수도 있다.

01 좌측은 소회의실에 있는 참가자들에게 전체 공지를 하는 호스트의 화면이다. [**메시지를 전체에게 브로드캐스트**] 버튼을 클릭하고 전하고자 하는 메시지를 입력하면 우측의 참가자 화면처럼 해당 메시지가 동시에 표시된다.

▲ 호스트 화면   ▲ 참가자 화면

02 모든 소회의가 종료되었다면 이제 호스트는 모든 회의실을 닫을 수 있다. [**모든 회의실 닫기**] 버튼을 클릭하면 "모든 소회의실이 닫힙니다"라는 문구와 함께 모든 참가자들은 메인 세션으로 돌아가게 된다.

04 줌 회의 중 화면 공유하기

1 호스트 화면 공유하기

회의나 강의를 진행할 때 관련된 자료를 참가자들에게 보여주면서 진행해야 하는 경우 호스트의 자료를 공유해서 띄워야 한다. 따라서 회의를 시작하기 앞서 호스트는 회의를 진행하며 띄울 자료를 미리 준비해야 한다.

01 하단의 [화면 공유] 버튼을 클릭하면 기본 기능의 화면 공유가 자동 실행되고 화면에는 현재 PC에서 실행되고 있는 모든 프로그램이 표시된다. 이때 공유하고자 하는 프로그램을 클릭하고 우측 하단의 [공유] 버튼을 클릭한다.

02 호스트가 선택한 자료들이 화면 공유가 될 때는 테두리가 초록색으로 표시된다. 참가자들은 해당 화면 전체를 볼 수 있기 때문에 사진이나 문서도 좋은 자료이지만 포토샵처럼 실시간 제작 예시를 보여주면서 프로그램 툴 활용법을 강의하는 경우에도 활용하면 매우 좋다.

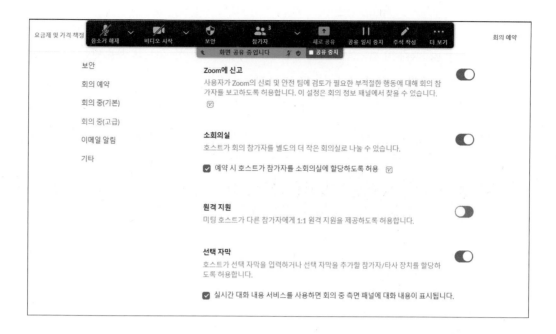

2 화이트보드 활용하기

01 줌 화면 공유에 있는 화이트보드 기능을 활용하여 화면에 문자 입력이나 그림 등을 그릴 수 있다. 호스트가 [화면 공유]를 클릭한 후 아이콘 중 '**화이트보드**'를 클릭하고 [공유]를 클릭한다.

02 화이트보드는 말 그대로 칠판 형태를 띄고 있기에 자유롭게 [텍스트] 버튼을 클릭하여 문자를 입력해도 좋고, [그리기] 버튼을 클릭하여 원형, 사각형 도형과 선, 화살표 등을 마음대로 표현할 수 있다. 색상을 바꾸고자 할 때는 [형식] 버튼을 클릭하면 색상과 선 두께, 글꼴 등을 선택할 수 있으며, 삭제하고 싶을 때는 [지우개] 버튼을 클릭하면 바로 삭제도 가능하다.

Tip!

주석 기능 안의 스탬프 찍기를 활용해서 퀴즈풀이, 발표 순서 등을 다양하게 참여자들과 활동할 수 있으며, [지우기] 버튼을 누르면 "내 주석 삭제, 참여자 주석 삭제, 모두 삭제"를 선택해서 지울 수 있다. 또한 주석 활동을 저장하고 싶을 때는 옆의 [저장] 버튼을 눌러 보관한다. 또한 주석을 사용하지 않을 때에는 [더 보기] 버튼을 눌러 "참가자 주석 사용 안함"을 선택하면 참가자들은 주석을 사용할 수 없다.

3 특정 부분만 공유하기

화면을 공유하게 되면 호스트의 전체 화면이 참가자에게 보인다. 하지만 공유할 때 보이고 싶지 않은 부분이 있다면 특정 부분만 공유하는 화면 일부 공유 기능을 활용해보자.

01 호스트는 줌 회의 중에서 [화면 공유] 버튼을 클릭한 후, 상단에서 '고급'을 클릭하고 '화면 일부'를 선택한 후 [공유] 버튼을 클릭한다.

02 줌 회의를 하면서 전체 공개가 아닌 화면의 일부분만 공유하면, 이렇게 공유되는 영역만 초록색 테두리가 생성된다.

03 참가자의 화면에는 호스트가 지정한 영역만 화면이 공유되어 보인다.

4 PPT와 비디오를 병합하여 사용

PPT 자료 화면에 진행하는 사람의 얼굴이 함께 나온다면 참가자들도 집중도가 더욱 높아지게 될 것이다. 기존에는 별도의 프로그램을 사용해야 했지만, 이제는 줌 자체에서 PPT를 가상 배경으로 설정하여 바로 사용할 수 있도록 업데이트되었다.

다만, 이 기능은 컴퓨터의 사양에 따라 활성화되는 차이가 있음을 참고하자.

5 비디오 공유

비디오를 공유하기 위해서는 반드시 컴퓨터 **'소리 공유'**와 전체 화면 **'비디오 클립에 최적화'**를 클릭해야 한다. 이제 별도로 클릭하는 번거로움 없이 화면 공유 고급 기능에 바로 추가되었기에 비디오 공유를 하기 위해서는 해당 버튼을 클릭하여 공유하도록 하자.

6 줌 회의 기록하기

줌에서 정말 편리한 기능 중 하나가 기록 버튼이다. 줌으로 강의나 회의를 진행할 때 [기록] 버튼을 클릭하여 영상을 저장해두면 해당 영상이 기록으로 남아 있기에 추후에도 해당 영상 파일을 공유할 수 있다.

01 영상을 저장하고 싶은 시점부터 화면 하단의 메뉴에서 **[기록]** 버튼을 클릭한다.

02 회의 중에도 화면 좌측 상단에 '기록 중'이라는 문구가 뜨면서 녹화되고 있음을 알 수 있으며, 호스트만이 잠시 멈춤이나 기록 종료를 할 수 있다. 다만, 기록 중 문구는 회의에 참가하는 모든 사람에게 표시되며 현재 회의가 녹화되고 있음을 알 수 있다.

03 회의가 완전 종료되면 파일 변환이 자동으로 시작되며 폴더별로 자동 저장된다.

04 파일은 문서에서 날짜별로 폴더가 생성되어 자동으로 저장된다.

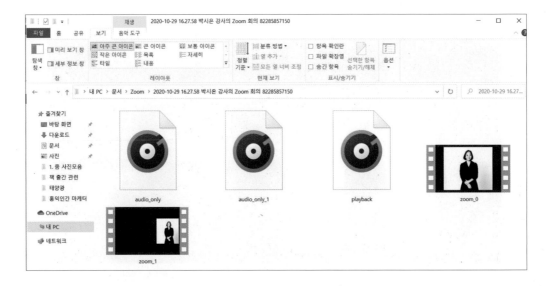

05 파일이 저장된 폴더를 열어보면 MP4 파일을 확인해 볼 수 있다. 해당 영상을 추후 다시 공유할 수도 있고 다양한 자료로 활용할 수 있다.

06 저장된 영상 파일을 재생하면 줌 회의 내용에 관한 모든 내용이 녹화되어 있음을 확인할 수 있다.

05 줌 회의 종료하기

1 모두에 대해 회의 종료하기

01 줌 회의를 종료하려면 화면의 [종료] 버튼을 클릭한다. 이때 [모두에 대해 회의 종료]를 클릭하면 호스트를 포함하여 해당 회의에 참여했던 모든 참여자가 동시에 방에서 퇴장하게 된다.

2 호스트 지정하고 회의 나가기

01 만약 호스트는 퇴장하지만 회의가 계속되는 경우는 호스트를 지정하고 회의에서 나갈 수 있다. 회의를 진행할 호스트를 지정하려면 참가자 이름 옆을 클릭하고 **[호스트 만들기]**를 클릭한다.

 호스트 만들기와 공동 호스트 만들기의 차이

호스트 만들기는 호스트의 모든 권한을 넘기는 것이며, 넘겨받은 사람이 권한을 다시 주기 전에는 호스트로서 권한을 상실한다. 반면 공동 호스트는 메인 호스트는 변하지 않으면서 대기실 수락, 화면 공유, 기록 등 호스트의 권한을 함께 부여받게 되며, 메인 호스트는 언제든지 공동 호스트 권한 회수를 할 수 있다.
단, 무료회원의 경우 공동 호스트 기능은 사용할 수 없기 때문에 필요시 유료회원 전환을 추천한다.

02 "호스트를 변경하시겠습니까?"라는 문구가 표시될 때 [예] 버튼을 클릭하면 호스트가 변경된다. 변경 후 [종료] 버튼을 클릭하여 회의 나가기를 하면 이제 호스트를 넘겨주고 원래 호스트는 회의에서 나가게 된다.

1. 알아두면 더욱 유용한 기능

줌은 여러 가지 기능들이 업데이트되고 있지만 그 중에서도 알아두면 편리한 기능 3가지를 소개하고자 한다.

❶ 저조도 환경에 맞게 조정

비디오 설정에서 화면을 좀 더 밝게 조절할 수 있는 기능이다.

❷ 비디오 기능을 사용하지 않는 참가자 숨기기

줌 회의를 진행하다 보면 호스트 입장에서 비디오를 켜둔 사용자에게 시선이 가며 회의를 진행하게 되는데, 만약 비디오를 켜둔 사용자만 모아서 보고 싶다면 이 버튼을 활성화하면 된다.

❸ 갤러리 보기에서 화면당 표시되는 최대 참가자 : 25명 / 49명

한 화면에 보이는 참가자가 25명까지 보이게 할 것인지 49명까지 보이게 할 것인지 선택할 수 있으며, 개인 PC 환경에 따라 활성화 여부가 다르니 확인하도록 하자.

2. 줌은 업데이트 빠른 플랫폼 중 하나이기 때문에 새로운 기능들을 사용하기 위해서는 정기적으로 업데이트를 해주는 편이 좋다. 업데이트는 줌 프로그램 우측 상단의 프로필 사진을 클릭하면 업데이트 확인 버튼을 눌러 진행한다.

3. 온라인 줌 회의 준비사항

- 사전 준비 시 : 회의 안내문 제작, 설문조사 준비, 오픈 채팅방 개설 및 초대 링크 발송
- 회의 시작 전 : 회의실체크, 환경 체크 (마이크, 스피커, 조명, 인터넷 속도), 공동 호스트 지정 체크, 화면 공유 테스트, 대기실 인원 체크
- 회의 운영 시 : 참가자 오디오 및 비디오 체크, 설문조사 진행, 대기실 수락

구루미Biz

미국은 예전부터 비대면 회의가 흔한 일상이었지만 한국에서는 2015년 처음으로 온택트 플랫폼 기업인 구루미가 설립되었다. 동시에 1,000명까지 참여할 수 있는 국산 비대면 소프트웨어로써 프로그램 설치가 불필요하며, 쉽게 미팅룸을 개설하고 참여하여 이용이 가능하다는 것이 가장 큰 장점이라 할 수 있다. 또한 한국인이 좋아하는 직관적인 레이아웃으로 기능들을 쉽게 이용 가능하다. 무료 이용 시 2명까지 무제한으로 이용할 수 있으며, 3명 이상 모이면 40분의 시간제한이 있다. 프리미엄 결제 시 3명부터 16명까지 신청 인원수에 따라 최소 4,900원부터 최대 18,590원까지 매월 결제 금액이 달라지며 미팅룸 유형 중 구루미 에듀케이션을 이용하면 실시간 퀴즈, 그룹 토의, 선생님 모드, 발언권 제어 등 온라인 교육에 필요한 여러 기능을 이용할 수 있다. 참여도 쉽고 사용도 쉽지만 높은 보안성을 갖춘 구루미는 안전한 환경을 제공하여 현재 국가기관이나 국내 기업에서 많이 사용되고 있다.

구루미Biz 회원가입 및 설정 방법 A to Z

01 ◀ 구루미Biz 접속하기

1 마이크로소프트 엣지 또는 구글 크롬 브라우저 다운로드하기

구루미를 통한 비대면 수업을 진행하기 위해서는 엣지나 크롬 브라우저로 실행해야 하므로 설치되어 있지 않으면 우선 엣지나 크롬 브라우저를 설치한다. (네이버의 웨일 브라우저도 가능하다.)

2 구루미Biz 사이트 접속하기

크롬이나 엣지 브라우저 검색 창에 구루미Biz 사이트를 검색하거나 주소 창에 'biz.gooroomee.com'을 입력한다. 구루미Biz 사이트 주소 → https://biz.gooroomee.com/

※ 검색 창에서 검색할 경우 '구루미'로 검색하면 구루미캠스터디와 구루미Biz가 나오므로 구루미Biz를 확인 후 사이트에 접속한다.

02 미팅룸 개설 및 참여하기

구루미Biz는 타사의 비대면 플랫폼과 다르게 회원가입을 하지 않아도 미팅룸 개설이 가능하여 쉽고 간단하게 미팅룸을 개설할 수 있다.

1 회원가입 없이 메인화면을 통한 미팅룸 개설 및 참여하기

01 사이트 좌측 중앙에 위치한 '방 만들기 & 참여하기' 입력 창에 개설할 방 이름을 입력한 후 우측의 화살 기호를 클릭한다.

※ 로그인하지 않고 미팅룸 개설 시 유의해야 할 점은 사용할 미팅룸 이름으로 이미 미팅룸이 개설된 경우에는 발표
   자로서 새로운 미팅룸 개설이 아닌 기존에 존재하는 미팅룸의 참여자가 된다.

02 화면 중앙에 보이는 입력 창에 미팅 시 사용할 이름(닉네임)을 입력한다. 개설 시 입력한 닉
네임을 수정하고 싶다면 미팅룸 개설 후 닉네임 변경이 가능하다.

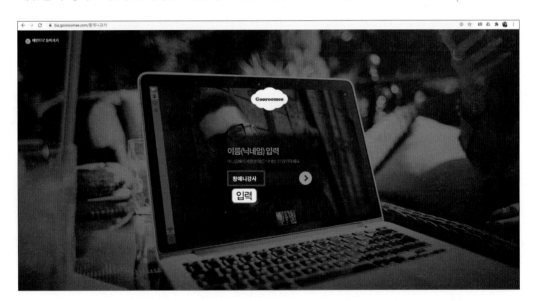

03 화면 좌측 상단에 보이는 팝업의 카메라와 마이크 사용을 허용한다. 최초 1회 허용하면 다음 이용 시에는 팝업이 생기지 않고 자동으로 연결된다.

04 카메라와 마이크, 스피커 설정 후 정상적으로 작동되는 것이 확인되면 **[입장]** 버튼을 클릭하여 미팅룸에 입장한다.

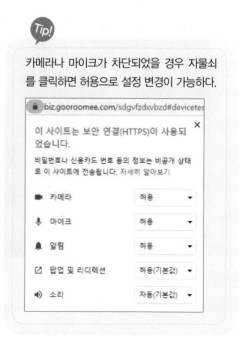

Tip!

카메라나 마이크가 차단되었을 경우 자물쇠를 클릭하면 허용으로 설정 변경이 가능하다.

05 '방 만들기 & 참여하기' 입력 창에 입력했던 방 이름과 닉네임으로 공개된 미팅룸이 만들어진다. 공개 미팅룸이므로 미팅룸 이름만 알면 누구나 입장이 가능하다.

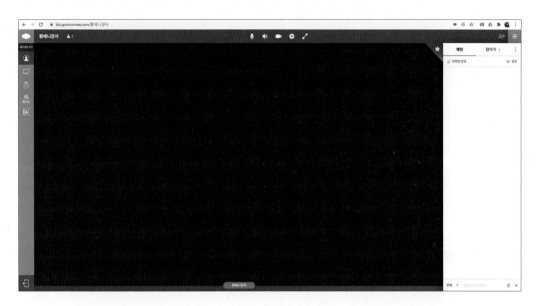

06 공개된 미팅룸을 비공개로 전환하고 싶다면 좌측 상단의 방 이름 옆에 위치한 구름 아이콘을 클릭하여 미팅룸 정보 설정 창을 연다.

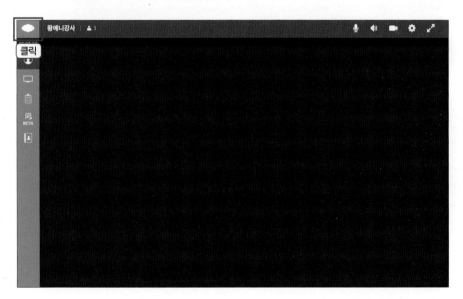

07 미팅룸 정보 설정 창에서 위치한 공개 여부를 클릭하면 비공개로 전환되면서 비밀번호를 입력하는 부분이 생긴다. 위에서 언급했듯 공개된 미팅룸은 방 이름만 알아도 입장할 수 있으므로 보안이 필요한 미팅을 원한다면 비밀번호를 생성해야 한다.

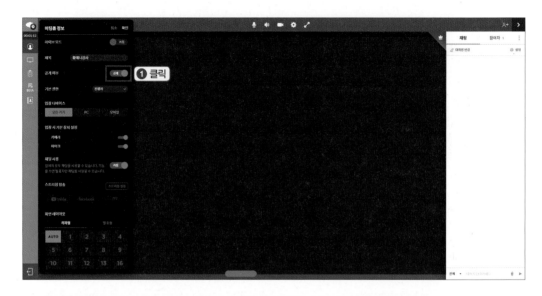

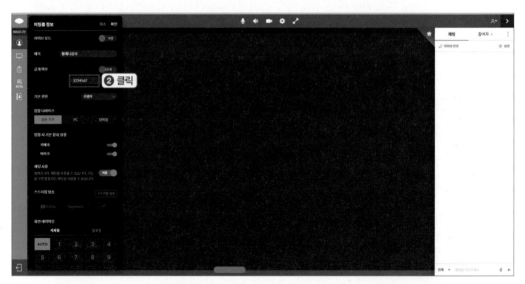

2 회원가입 없이 주소 창 입력을 통한 미팅룸 개설 및 참여하기

01 크롬이나 엣지 브라우저를 열고 주소 창에 'biz.gooroomee.com' 입력 후 주소 뒤에 /
(slash)와 개설할 미팅룸 이름 또는 참여할 미팅룸 이름을 입력한다.

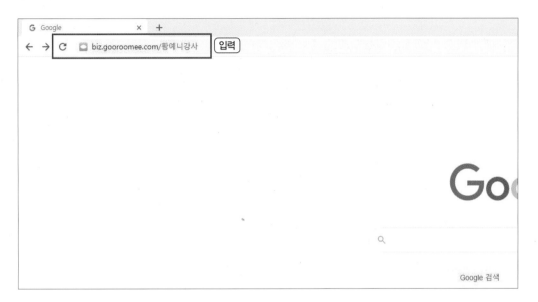

02 화면 중앙에 보이는 입력 창에 미팅 시 사용할 이름(닉네임)을 입력한다.

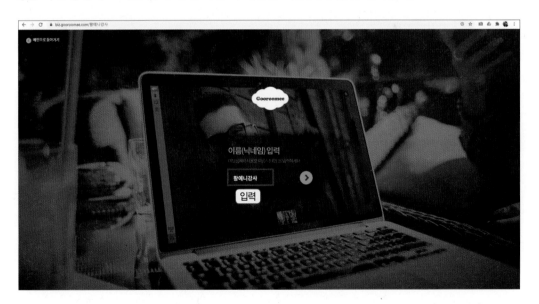

03 화면 좌측 상단에 보이는 팝업의 카메라와 마이크 사용을 허용한다.

04 카메라와 마이크, 스피커 설정 후 정상적으로 작동되는 것이 확인되면 **[입장]** 버튼을 클릭하여 미팅룸에 입장한다.

05 '방 만들기 & 참여하기' 입력 창에 입력했던 방 이름으로 공개된 미팅룸이 만들어진다.

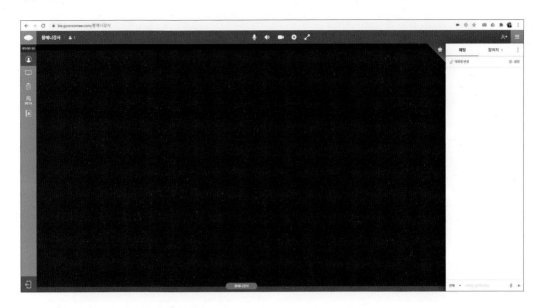

06 공개된 미팅룸을 비공개로 전환하고 싶다면 좌측 상단의 방 이름 옆에 위치한 구름 아이콘을 클릭하여 미팅룸 정보 설정 창을 연다.

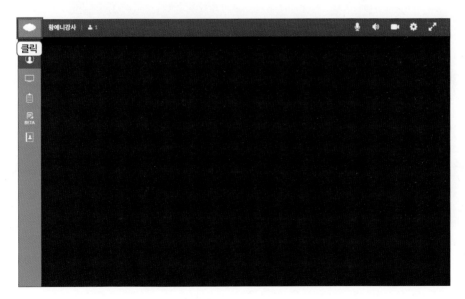

07 미팅룸 정보 설정 창에서 위치한 공개 여부를 클릭하면 비공개로 전환되면서 비밀번호를 입력하는 부분이 생긴다.

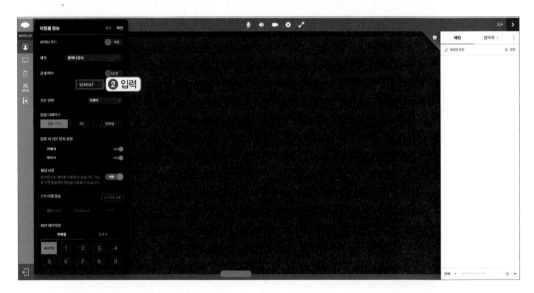

③ 로그인 후 미팅룸 개설 및 참여하기

01 무료 회원가입을 하기 위해 구루미Biz 사이트 우측 상단에 위치한 **[로그인]** 버튼을 클릭한다.

02 SNS 계정이 있다면 SNS 계정을 통해 쉬운 로그인이 가능하다.

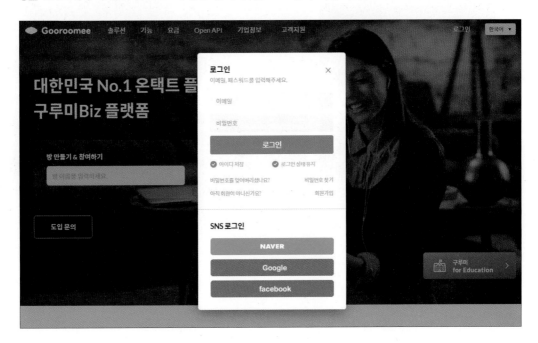

03 SNS 계정이 없다면 중앙에 위치한 [**회원가입**] 버튼을 클릭한다.

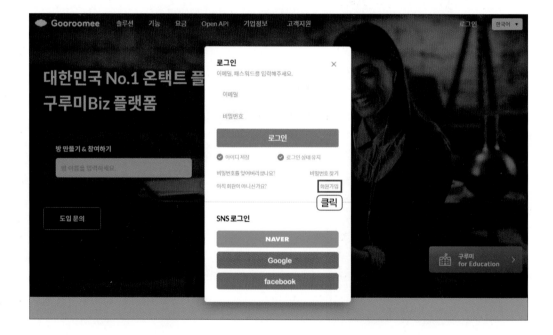

04 가입 시 사용할 이메일과 비밀번호, 닉네임 등 정보 입력 후 이메일 인증 요청을 클릭한다.

05 가입 시 사용한 이메일에 로그인한 후 구루미Biz에서 보낸 회원가입 인증 메일을 열어 이메일 인증을 클릭한다.

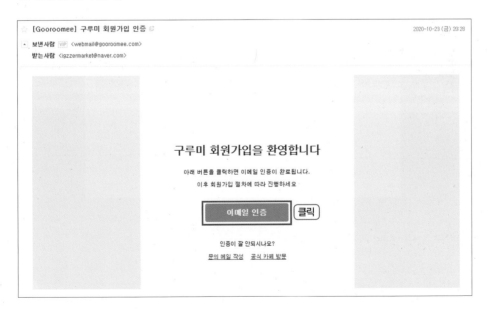

06 다시 구루미비즈 사이트로 돌아와 [확인] 버튼을 클릭하면 가입이 완료된다.

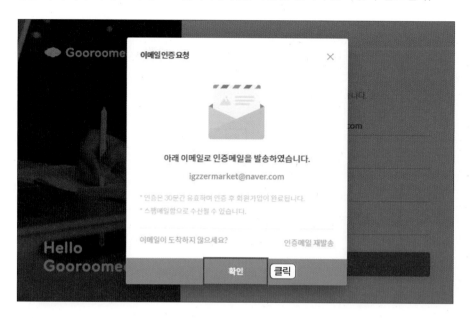

07 회원가입 후 구루미Biz를 이용하면 최초 1회 회원가입의 번거로움이 있을 수 있으나 이후에는 SNS 계정이나 회원가입을 통해 로그인 후 내가 개설한 미팅과 초대받은 미팅을 확인하고 참여할 수 있으며 새로운 미팅룸을 손쉽게 개설할 수도 있다.

08 메인화면을 통한 미팅룸 개설하기, 주소 입력을 통한 미팅룸 개설하기와 달리 로그인 후 미팅룸을 개설하면 미팅룸 개설 시 원하는 미팅룸 유형을 선택하여 개설할 수 있다.

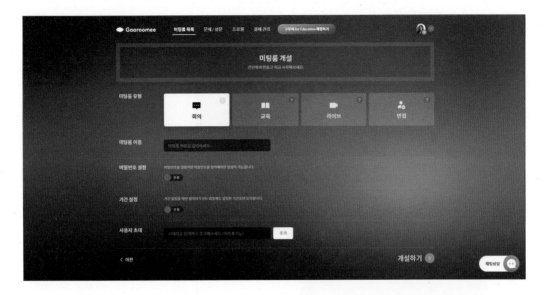

ㄱ 미팅룸 유형은 4가지이며, 미팅룸 유형에 따라 미팅룸의 기능이나 레이아웃이 다르다.

※ 유형 중 가장 일반적으로 사용되는 유형은 회의이며, 회의와 라이브는 미팅룸 개설 후 미팅룸 정보 설정에서 변경 가능하지만 교육과 면접 유형은 개설 시 선택하면 변경이 불가능하므로 종료 후 다시 개설해야 한다.

❶ 회의

회의 유형 선택 후 미팅룸 정보 설정에서 라이브 모드로 전환이 가능하다. 회의 유형과 라이브 유형의 가장 큰 차이점은 회의 유형은 쌍방향 비디오지만 라이브는 발표자만 비디오 사용이 가능하며, 채팅을 통해 소통한다는 점은 두 유형이 동일하다.

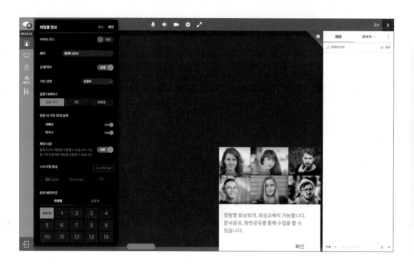

베이직, 프리미엄 사용자는 통화, 화면 공유, 문서 공유, 출석부까지 사용 가능하며, 엔터프라이즈 사용자는 영상통화, 화면 공유, 문서 공유, 미디어 공유, 출석부, 녹화 기능까지 사용 가능하다.

❷ 교육

교육 유형은 선생님 모드가 있어 참여자들 컨트롤이 가능하며 그룹모임과 퀴즈 기능을 통해 참여수업이 가능하다는 장점이 있다. 구루미Biz 사이트에서 기존에 작성했던 퀴즈를 확인할 수도 있고 새로운 퀴즈를 작성할 수도 있다.

교육 유형은 유료 사용자만 가능하며, 회의 유형의 기능 모두 사용 가능하며, 추가로 발언권 기능, 문제 출제/설문조사, 그룹토의, 듀얼 모니터 기능까지 사용 가능하다.

❸ 라이브

모든 사용자가 이용 가능한 유형으로 스트리밍 기능이다. 발표자만 화면을 송출하고 참여자는 채팅창을 통해 소통한다. 회의 유형에서 라이브로 전환이 가능했듯이 라이브 유형으로 미팅룸을 개설했어도 미팅룸 정보 설정에서 라이브 모드를 비활성화하면 회의 유형으로 전환 가능하다.

❹ 면접

화상 면접에 최적화된 유형으로 면접관과 면접자가 편리하도록 기능과 레이아웃이 설정되어 있으며, 비대면이지만 생동감 있는 면접을 위해 영상 화질을 FHD까지 선택할 수 있도록 하였다.

※ 면접 유형의 기간은 기본적으로 3개월로 지정되어 있다. 면접 대기실에서 화면 가리기 기능을 이용하면 관계자는 면접자들을 모두 볼 수 있지만 면접자끼리는 서로를 볼 수 없다.

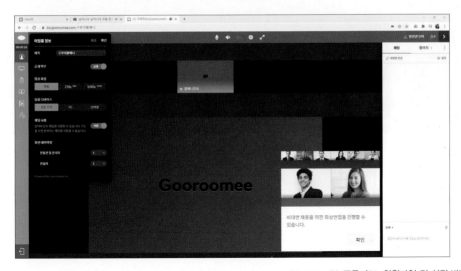

ㄴ 개설할 미팅룸의 이름을 입력한다.

ㄷ 비공개 미팅룸을 원한다면 비밀번호 설정을 활성화하고 비밀번호를 입력한다.

ㄹ 기간을 설정하면 발표자와 참여자가 모두 퇴장해도 설정 기간 동안 미팅룸이 유지된다. 구루미비즈에는 미팅룸 예약 기능이 없지만 기간 설정 기능을 이용하면 발표자가 미팅룸에 입장하지 않아도 참여자들의 입장이 가능하므로 오히려 더 편리한 예약이 가능하다.

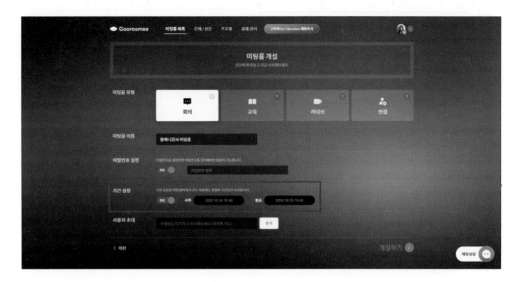

※ 타사의 예약 기능은 호스트가 미팅룸에 입장하지 않으면 회의 시작 시간이 지났더라도 미팅룸이 열리지 않으므로 항상 호스트가 예약 시간 전 입장해야 하지만, 구루미비즈의 기간 설정 기능은 현시점부터 회의 종료 예상 시간까지 기간을 설정해 놓으면 발표자가 입장하지 않았어도 미팅룸이 존재하므로 참여자들의 입장이 가능하다.

09 우측 하단의 [개설하기] 버튼을 클릭하면 다음 페이지로 넘어가고 화면 좌측 상단에 보이는 팝업의 카메라와 마이크 사용을 허용한다.

10 카메라와 마이크 스피커 설정 후 정상적으로 작동되는 것이 확인되면 **[입장]** 버튼을 클릭하여 미팅룸에 입장한다.

11 개설 시 입력했던 방 이름, 비밀번호 등의 정보들로 미팅룸이 만들어진다.

※ 로그인되어 있는 상태에서 메인화면을 통한 미팅룸 개설하기, 주소 입력을 통한 미팅룸 개설하기를 하면 닉네임 입력 없이 방 이름만 입력 후 쉽게 개설이 가능하다.

4 프로필 정보 입력하기

01 구루미Biz 사이트 로그인 후 우측 상단 아이콘을 통해 마이페이지로 이동한다.

※ 마이페이지 위 이메일을 클릭하면 프로필 변경 페이지로 바로 이동된다.

02 상단 세 번째에 위치한 [**프로필**]을 클릭하여 프로필을 입력하는 창을 연다.

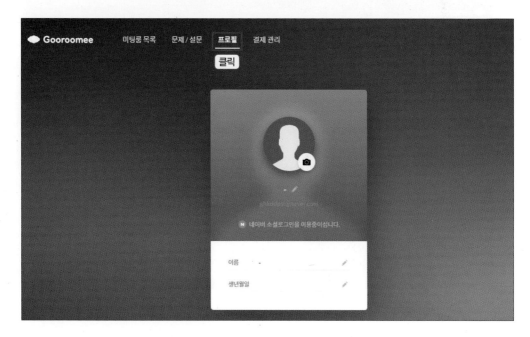

03 카메라 아이콘을 클릭하여 프로필 이미지를 삽입 후 프로필 사이즈와 위치를 조정하고 [확인] 버튼을 클릭한다.

04 연필 모양의 아이콘을 클릭하여 미팅룸 개설이나 참여 시 사용할 이름(닉네임)을 입력한다.

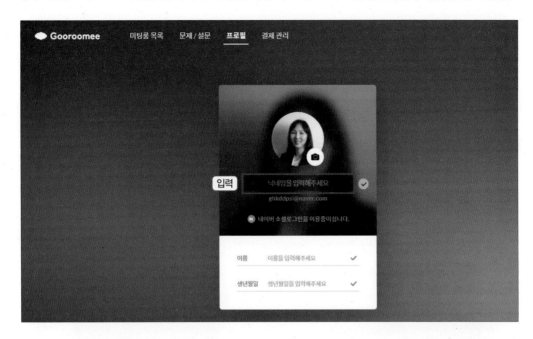

05 프로필에서 설정한 이름(닉네임)은 미팅룸에 입장 시 사용되며, 입장 후 닉네임 변경을 원한다면 미팅룸에서 자유롭게 변경 가능하다.

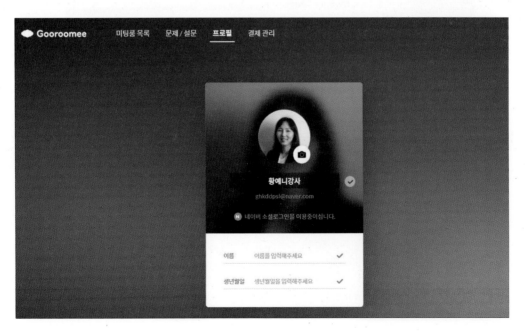

03 영상 미팅하기

다양한 비대면 플랫폼이 있지만 비대면 플랫폼의 기능은 거의 흡사하므로 하나의 비대면 플랫폼만 제대로 공부했다면 다른 플랫폼의 경우 기능의 위치만 익힌다면 수월히 사용 가능할 것이다. 구루미Biz 중 가장 많이 사용하는 회의 유형을 통해 미팅룸의 기능을 알아보도록 하자.

1 화면 좌상단 표시 정보 알아보기

화면 상단에 표시되는 미팅룸 정보로써 좌측부터 순서대로 공개/비공개 여부, 라이브 모드, 미팅룸 이름, 현재 미팅룸 참여 인원수가 표시된다.

2 내 장치 컨트롤러 알아보기

화면 중앙 상단에 있는 컨트롤러를 통해 내가 사용하고 있는 마이크, 스피커, 카메라 장치를 컨트롤한다. 좌측부터 순서대로 마이크, 스피커, 카메라 장치, 설정, 전체 화면을 컨트롤 한다.

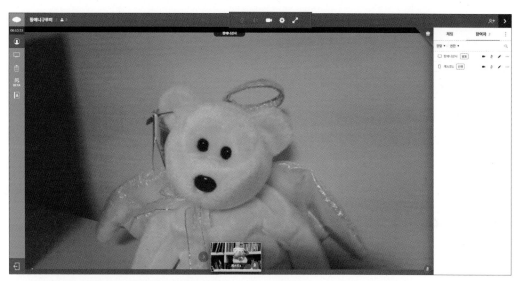

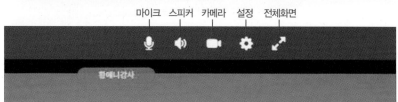

설정을 누르면 카메라, 마이크, 스피커 설정이 가능하다. 글씨가 있는 물건이나 필기를 하며, 진행하는 교육 시 카메라의 내 영상 좌우 반전을 비활성화해주어야 글씨의 좌우가 바뀌어 보이지 않는다.

3 화면 우측 상단 기능 알아보기

01 미팅 중에도 화면 우측 상단에 있는 [초대] 버튼을 클릭한 후 메일 또는 SNS를 통해 바로 초대가 가능하며, URL 복사를 통해서도 초대가 가능하다.

02 초대에서 메일 버튼을 클릭한 후 이메일 주소를 입력하고 추가한 뒤 [전송]을 클릭하면 초대할 대상에게 이메일을 전송하여 미팅룸에 초대가 가능하다.

03 초대에서 페이스북 버튼을 클릭한 후 페이스북에 로그인하면 내 타임라인, 내 페이지, 소속 그룹 등에 미팅룸의 링크 게시 및 공유가 가능하다.

04 초대에서 네이버밴드 버튼을 클릭한 후 네이버밴드에 로그인하면 소속된 밴드에 미팅룸의 링크 게시 및 공유가 가능하다.

05 초대에서 [URL 복사하기] 버튼을 클릭한 후 문자 메시지, 카카오톡 등의 메신저나 메일에 붙여넣기 후 사용이 가능하다.

06 발언권 기능은 유료 사용자만 이용이 가능하다.

07 참여자가 발언권 신청을 하면 개설자는 수락이나 거절을 클릭한다.

참여자 발표 후 마이크 음소거는 자동으로 되지 않으므로 음소거를 해주어야한다.

08 녹화 기능은 엔터프라이즈 사용자만 사용이 가능하다.

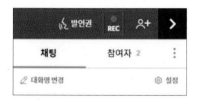

09 녹화 기능 이용 시 크롬 확장 프로그램인 미디어익스텐션을 설치 후 사용해야 하며, 녹화 완료 시 일시정지가 아닌 정지를 클릭해야 녹화가 완료된다.

 Tip!

구루미비즈는 로그인 없이도 미팅룸 개설이 가능하므로 유료 기능들을 사용하기 위해서는 반드시 유료 사용자 아이디로 로그인 후 미팅룸을 개설하여야 한다.

❹ 비디오 영역 이동하기

01 화면 중앙 하단에 위치한 내 비디오의 위치 이동이 가능하다

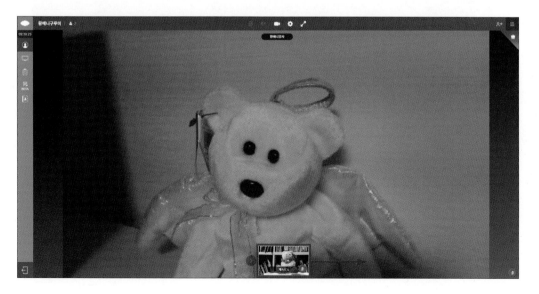

02 화살표 버튼을 클릭하면 비디오가 화살표 방향대로 이동한다.

03 비디오가 우측 끝에 있을 때 화살표를 클릭하면 비디오가 사라진다. 화살표를 다시 클릭하면 비디오가 표시된다.

화면이나 문서 공유 시 중앙에 위치한 내 비디오를 가려두면 공유 화면에 방해되지 않는다.

5 참여자 목록 및 권한 설정하기

01 우측 상단 모서리에 위치한 가로 세줄 버튼을 클릭한다.

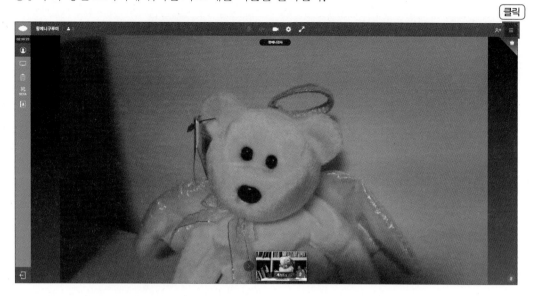

02 화면 우측에 참여자 목록과 채팅 영역이 나타난다.

03 발표자와 진행자는 **정렬**을 클릭하면 접속순 및 이름순으로 참여자 정렬이 가능하다.

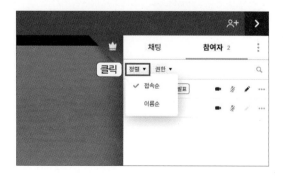

04 발표자와 진행자는 **권한**을 클릭하면 전체 참여자의 카메라, 마이크, 그리기 권한을 한번에 컨트롤 할 수 있다.

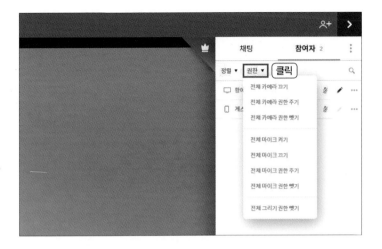

05 **돋보기** 버튼을 클릭하면 참여자를 검색해서 찾을 수 있다.

06 내 이름은 파란색으로 표시되며 참여자의 등급은 이름 옆에 표시된다.

07 발표자와 진행자는 참여자별 우측 점 세개 버튼을 클릭하여 등급을 변경할 수도 있으며 강제 퇴장도 가능하다.

08 발표자와 진행자는 참여자별 비디오, 마이크, 그리기 기능을 참여자가 사용할 수 있도록 줄 수도 있으며 강제로 권한을 뺏을 수도 있다.

09 장치 권한 및 상태 표시는 이러하다.

ㄱ 켜기 : 기능을 사용할 수 있도록 권한이 있고 사용도 하는 상태

ㄴ 끄기 : 기능을 사용할 수 있도록 권한이 있으나 사용하지 않는 상태

ㄷ 뺏기 : 기능을 사용할 수 없도록 권한이 없는 상태

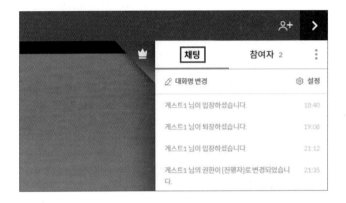

6 채팅 및 대화명 변경하기

대화명을 변경할 수 있으며 미팅룸의 참여자들과 채팅으로 대화할 수 있다.

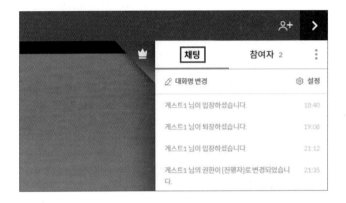

01 입장 시 사용했던 대화명을 다른 대화명으로 변경 가능하다.

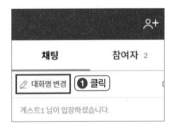 

02 채팅 시 전체 참여자와의 대화도 가능하지만 귓속말 기능을 통해 특정 참여자 한 명과 1:1로 채팅이 가능하다.

03 설정을 클릭하면 채팅창 설정이 가능하다.

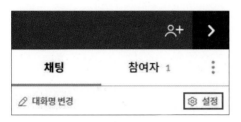

 Tip!

대화내용 저장을 클릭하면 채팅창의 대화 내용이 일시까지 메모장에 기록된다.

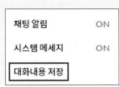

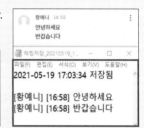

04 참여자 옆 세 개의 점을 클릭한다.

 Tip!

채팅창의 공지사항 내용들을 모아 볼 수 있으며 공지를 내리거나 다시 올리기 또는 삭제가 가능하다.

05 참여자 옆 세 개의 점을 클릭한다.

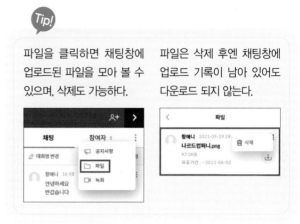

Tip!

파일을 클릭하면 채팅창에 업로드된 파일을 모아 볼 수 있으며, 삭제도 가능하다.

파일은 삭제 후엔 채팅창에 업로드 기록이 남아 있어도 다운로드 되지 않는다.

7 미팅룸 정보 확인 및 수정하기

01 영상 좌측 상단 모서리에 있는 구름 모양 버튼에 마우스 커서를 가져간다.

02 구름 옆으로 톱니바퀴 모양의 설정 버튼이 나오면 마우스로 클릭한다.

03 미팅룸 정보 변경을 위한 화면이 나온다.

04 라이브 모드를 켜두면 1인 방송 모드로 설정된다. 발표자 1명만 비디오 사용이 가능하며 참여자는 500명까지 가능하다.

05 미팅룸의 제목 변경이 가능하다.

미팅룸 내에서 미팅룸 제목을 변경하여도 URL 주소는 변경되지 않는다.

06 공개여부 설정을 할 수 있으며 비공개로 변경 시 비밀번호를 설정할 수 있다.

07 미팅룸에 입장하는 참여자의 기본 권한을 발표자인지 참여자인지 설정한다.

08 입장이 가능한 디바이스 설정이 가능하다. PC로 설정 시 모바일 입장이 불가능하며 모바일만 설정 시 PC 입장이 불가능하다.

09 입장 시 기본 장치 설정을 통해 카메라와 마이크의 온오프 여부를 설정할 수 있다.

10 채팅 사용 설정을 켜놓으면 참여자 모두 채팅을 사용할 수 있고 꺼놓으면 발표자만 채팅이 가능하다.

11 스트리밍 설정을 통해 유튜브와 페이스북은
스트리밍 키만 입력 후 라이브 방송이 가능하며,
그밖의 플랫폼은 URL 입력 후 스트리밍 키까지
입력하면 라이브 방송이 가능하다.

12 화면 레이아웃을 통해 다양한 레이아웃 설정이 가능한데 격자형 무료 사용자는 16자 화면까지, 유료 사용자는 100자 화면까지 제공되며, 발표형 무료 사용자는 12자 화면까지 제공하고 유료 사용자는 42자 화면까지 제공된다.

8 참여자 비디오 위치 변경하기

01 4자 이하의 화면에서는 화면 아래에 작은 크기의 비디오를 클릭하게 되면 큰 비디오 자리로 위치 변경이 가능하다.

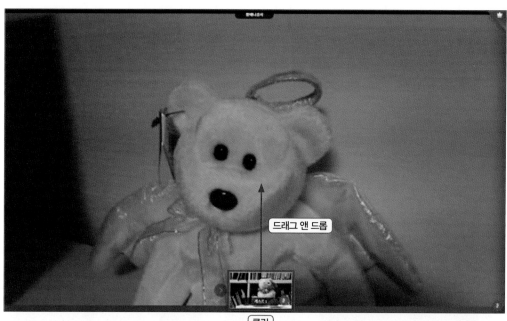

02 5자 이상의 화면에서는 마우스 드래그 앤 드롭을 통해 참여자의 비디오 위치 변경이 가능하며 추가 및 제거가 가능하다.

03 가리고 싶은 비디오를 참여자 목록으로 드래그 앤 드롭하면 비디오가 제거된다.

04 비디오를 제거한 참여자의 이름을 그래그 앤 드롭하면 제거되었던 비디오가 다시 보인다.

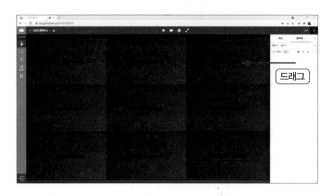

04 | 공유

화면 공유 및 문서 공유에서 이미지와 동영상 또는 문서 파
일을 참여자들과 공유할 수 있다.
무료 사용자와 유료 사용자 차이는 오른쪽 그림과 같다.

	방정보 설정		방정보 설정
00:36:38	미팅룸 사용 시간	00:25:33	미팅룸 사용 시간
	영상통화		영상통화
	화면공유		화면공유
	문서공유		문서공유
	공유노트 BETA		미디어공유
	출석부		설문퀴즈
			스티커
			출석부
	나가기		나가기

1 화면 공유하기

좌측 바에 위치한 화면 공유 버튼을 클릭하면 화면을 공유할 문서를 선택하는 새로운 창이 열리게 되며 참여자들과 공유되길 원하는 파일을 선택하면 된다.

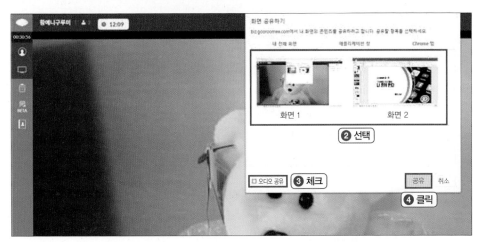

※ 동영상 공유 시 오디오 공유를 활성화한 후 공유하지 않으면 영상의 소리가 참여자에게 전달되지 않으므로 잊지 말고 오디오 공유 체크 후 동영상을 공유한다.

01 내 전체 화면 공유하기

내 컴퓨터 화면을 공유한다. 하나의 모니터를 사용할 경우엔 선택 없이 화면이 공유되며 모니터

를 듀얼이나 듀얼 이상으로 사
용 할 경우 화면1, 화면2 등으
로 표시되어 원하는 화면을 선
택하여 공유가 가능하다.

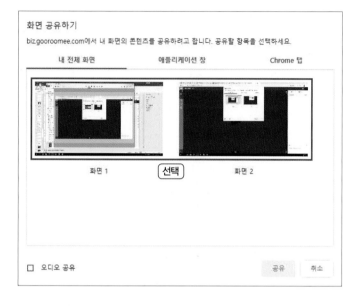

02 애플리케이션 창 공유하기

컴퓨터에 실행되고 있는 애플리케이션 중 공유해야 하는 애플리케이션을 선택하여 공유한다.

※ 공유해야 하는 애플리케이션을 미리 실행해 놓아야 애플리케이션 창에 활성화가 되므로 공유 전 공유를 원하는
  애플리케이션을 실행해 놓는다.

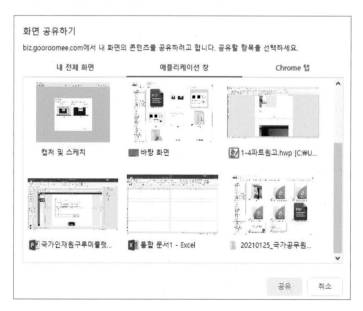

03 웹브라우저 탭

웹브라우저 화면 공유가 가능하다. 웹사이트의 동영상 공유를 원한다면 공유 동영상이 있는 웹사이트 선택 후 오디오 공유를 잊지 말고 활성화 해야 한다. 또한 웹브라우저 탭은 구루미비즈를 실행한 웹브라우저와 동일한 웹브라우저만 인식한다.

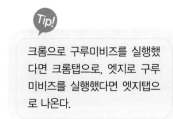

Tip!

크롬으로 구루미비즈를 실행했다면 크롬탭으로, 엣지로 구루미비즈를 실행했다면 엣지탭으로 나온다.

2 문서 공유하기

01 화이트보드 사용하기

발표자와 진행자 그리고 판서 권한이 있는 참여자는 화이트보드와 공유된 문서에 판서가 가능하며, 판서한 내용은 참여자들과 공유할 수 있다. 좌측 바에 위치한 화면 공유 밑 **문서 공유**를 선택 후 화이트보드 기능을 클릭한다.

우측 상단부터 우측 하단까지의 버튼 기능은 다음과 같다.

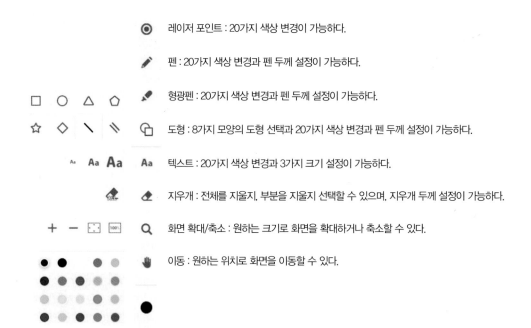

레이저 포인트 : 20가지 색상 변경이 가능하다.

펜 : 20가지 색상 변경과 펜 두께 설정이 가능하다.

형광펜 : 20가지 색상 변경과 펜 두께 설정이 가능하다.

도형 : 8가지 모양의 도형 선택과 20가지 색상 변경과 펜 두께 설정이 가능하다.

텍스트 : 20가지 색상 변경과 3가지 크기 설정이 가능하다.

지우개 : 전체를 지울지, 부분을 지울지 선택할 수 있으며, 지우개 두께 설정이 가능하다.

화면 확대/축소 : 원하는 크기로 화면을 확대하거나 축소할 수 있다.

이동 : 원하는 위치로 화면을 이동할 수 있다.

ㄱ 레이저 포인트 버튼을 선택하여 사용할 수 있으며, 색 변경도 가능하다.

ㄴ **펜** 버튼을 선택하여 사용할 수 있으며, 색과 두께 변경이 가능하다.

ㄷ **형광펜** 버튼을 선택하여 사용할 수 있으며, 색과 두께 변경이 가능하다.

ㄹ **도형** 버튼에 마우스 커서를 가져가 다양한 도형을 선택하여 사용할 수 있으며, 색과 두께 변경이 가능하다.

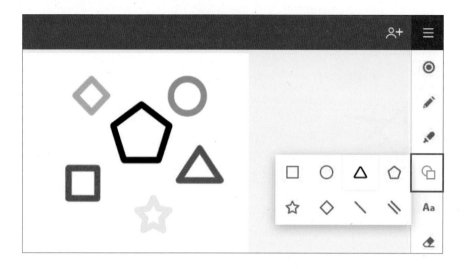

ㅁ **텍스트** 버튼에 마우스 커서를 가져가 다양한 크기의 텍스트를 선택하여 사용할 수 있으며, 색 변경이 가능하다

ㅂ **지우개** 버튼에 마우스 커서를 가져가 판서 전체를 지울지, 부분을 지울지 선택하여 사용할 수 있으며, 크기 변경이 가능하다.

ㅅ **확대/축소** 버튼에 마우스 커서를 가져가 확대 축소를 선택하여 사용할 수 있다.

○ 확대 시 화면 이동

3 이미지 또는 문서 파일 공유하기

01 화이트보드 밑 **[파일 추가]** 버튼을 클릭하면 내 컴퓨터에 있는 파일을 추가할 수 있고, 내 컴퓨터 파일을 구루미비즈 화면으로 드래그 앤 드롭하여도 파일 추가가 가능하다.

02 다양한 형식의 문서를 추가하면 파일들이 변환된 후 열린다. 기존 구루미비즈는 한글 파일 변환이 불가능했으나 이젠 한글 파일도 가능해졌다.

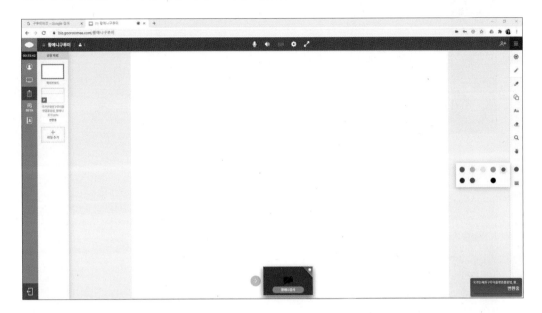

03 변환된 파일을 클릭하면 파일의 내용들이 보이며 화면 공유와 달리 판서가 가능한 파일이 된다.

※ 문서에 슬라이드 효과나 동영상이 첨부되어 있다면 재생이 불가능하니 주의하자.

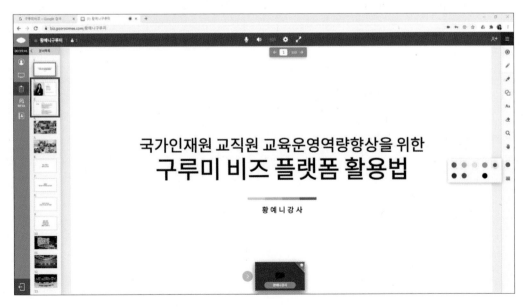

– 펼쳐진 문서는 문서 목록 옆 화살표를 클릭하면 모아진다.

– 파일 우측 모서리의 점을 클릭하면 다운로드 및 삭제가 가능하다.

04 참여자들의 출석 여부와 총입장시간이 기록되며 엑셀 파일로 다운로드가 가능하다.

※ 출석부는 자정이 되면 초기화되므로 회의(교육) 진행한 날 다운로드해야 한다.

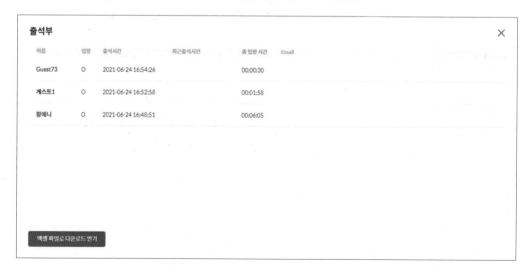

05 종료하기

좌측 하단 모서리의 [나가기] 버튼을 클릭하면 미팅룸에서 퇴장할 수 있으며, 발표자가 퇴장하면 미팅룸이 종료된다.

※ 기간이 설정된 미팅룸은 발표자가 퇴장해도 종료되지 않는다.

Tip! 함께 보면 좋은 국산 플랫폼 - 리모트미팅의 장점

리모트미팅은 구루미와 함께 대한민국에서 만든 화상회의 프로그램이다. 가장 대표적인 장점으로는 번거로운 회원가입도 복잡한 프로그램 설치도 없이 카메라와 마이크와 웹브라우저만 있다면 웹 화상회의를 열 수 있다는 것이다. 클릭 한 번이면 바로 미팅을 시작할 수 있어 회사에서 화상회의를 하기 위해 상대방에게 프로그램 설치 방법을 알려주거나 계정 생성 방법을 알려줘야 하는 번거로움을 없앨 수 있으며, IT에 익숙하지 않은 사람도 간단하게 화상회의를 만들 수 있지만 기능까지 간단하지는 않다. 다른 화상회의에서 사용 가능했던 문서 공유 화면, 공유 채팅 녹화 기능들은 기본이고 회의록 기능을 통해 회의 내용을 기록하고 실시간 편집하여 공유할 수 있다. 또한 사회자 모드가 있어 참여자가 많은 회의도 안정적으로 진행할 수 있도록 발언권 제어, 관리 및 내보내기 등이 가능하다.

memo

PART

04

MS팀즈 /
구글 Meet

2020년 상반기, 줌이 대세를 이루며 화상회의/강의 프로그램 분야에서 상당한 부분을 차지했었지만, 해킹 및 보안 문제에 취약하다는 뉴스와 예민한 사건, 사고들이 발생하면서 다른 실시간 화상 플랫폼으로 눈길을 돌렸었는데, 그중 하나가 바로 MS팀즈와 구글 Meet이다.

우선 MS팀즈는 MS Office365를 기반으로 하기 때문에 우리에게 익숙한 엑셀, 파워포인트와 같은 도구를 더욱 편리하게 공유 및 사용할 수 있다는 장점이 있고, 채팅과 업무 파일 공유 그리고 화상회의를 하나의 플랫폼으로 사용할 수 있도록 모아놓은 허브와 같아서 회사나 기관에서 많이 사용하고 있는 프로그램 중 하나이다. 이와 함께 장점으로 꼽고 있는 것이 바로 보안성인데, 호스트뿐만 아니라 게스트도 MS Office 계정이 있어야만 참가가 가능하다는 점과, 카스퍼스키 사에서 제공하는 '셰어포인트' 등 보안을 한층 업그레이드시켜주는 협업 툴을 사용할 수 있다는 점 때문에 보안성이 뛰어나다는 장점이 있다. 단점으로는 줌과 달리 화상회의를 기록할 수 없다는 점이 있다.

두 번째로 구글 Meet는 '안전하게', '어디서든', '어느 기기에서나', '선명하게', '누구나'와 같은 다섯 가지 타이틀로 구글에서 구글 Meet에 대해 소개하고 있는데, 실제로도 내세우고 있는 타이틀과 같이 다른 플랫폼들보다 편리하게 사용할 수 있다는 장점이 있다. 다른 프로그램과는 달리 구글 Meet는 PC에서 사용할 경우 별도 프로그램 없이 구글 계정만 가지고 있다면 웹사이트 내에서 바로 실행 가능하다는 장점이 있으며, MS팀즈와 같이 게스트도 구글 계정을 가지고 있어야만 참여할 수 있어 보안성이 좋다는 장점도 가지고 있다. 대신 60분 사용 제한이 있으며 Google Workspace 요금제를 결제해야 무제한으로 사용할 수 있다.

02 MS팀즈 / 구글 Meet
회원가입 및 설정 방법 A to Z

01 MS팀즈 시작하기

1 MS팀즈 계정 만들기

MS팀즈도 다른 플랫폼과 마찬가지로 호스트로 수업을 진행을 위해선 계정이 있어야 하기 때문에
계정을 만들어보도록 하자.

01 먼저 마이크로소프트 사이트에 접속한 후 → http://account.microsoft.com

02 회원가입을 위해 좌측 중앙의 [Microsoft 계정 만들기] 버튼을 클릭 후, 진행되는 순서대로
정보를 입력하여 회원가입을 완료한다.

2 MS팀즈 프로그램 다운로드

이미 MS Office365를 사용하고 있다면 PC에 프로그램이 설치되어 있겠지만, 없는 경우를 대비해 다운로드 방법을 알아보도록 하자.

01 구글 또는 네이버와 같은 포털사이트에 접속하여 검색 창에 **"MS팀즈"**를 입력한다.

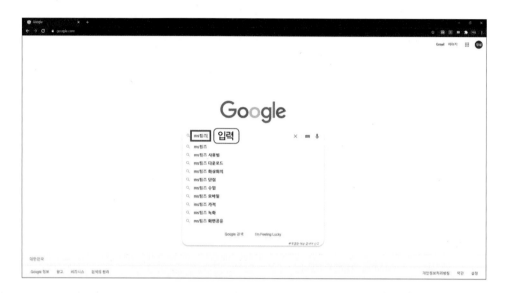

02 MS팀즈 웹사이트를 클릭한다.

03 사이트에 접속 후 상단 메뉴의 [Teams 다운로드]를 클릭한다.

04 [데스크톱용 다운로드]를 클릭한다.

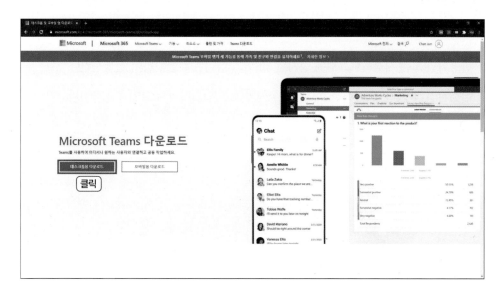

05 [Teams 다운로드]를 클릭한다. 스마트폰 앱으로 받고자 하는 경우 아래 메일 입력하는 란에 본인이 사용하는 메일 주소를 입력하면 해당 주소로 앱 다운로드 링크를 받을 수 있다.

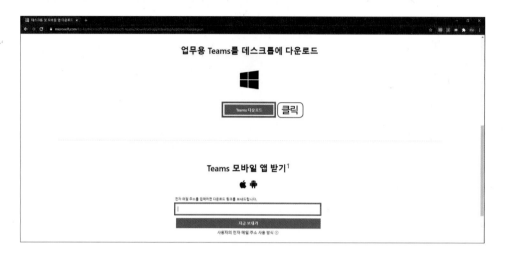

③ 프로그램 실행하기

다운로드 후 설치까지 완료하였다면 프로그램을 실행해보자.

01 바탕화면 또는 시작프로그램에 설치된 MS팀즈 아이콘을 클릭하여 실행시킨다.

02 실행시킨 후 가입 시 입력한 아이디와 비밀번호를 입력하여 로그인을 진행한다.

03 **[계속]** 버튼을 클릭하여 메인화면으로 넘어간다.

04 MS팀즈 메인화면이 나오며 프로그램 실행이 완료된다.

MS팀즈 화상 모임 개설 및 참여

1 화상 모임 개설하기

01 메인화면 왼편에 다양한 메뉴들이 있지만, 화상 수업을 위한 기능인 [모임]을 클릭해보자.

02 바로 화상회의를 시작하는 '지금 모임 시작'과 '모임 예약' 두 가지 메뉴 중 [지금 모임 시작]을 클릭한다.

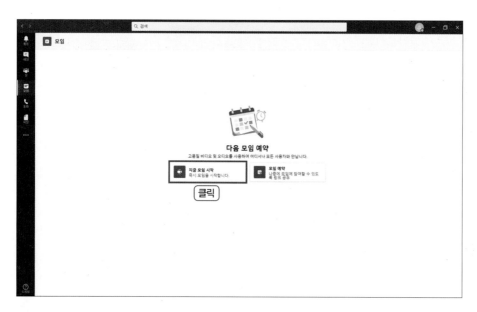

03 비디오 및 오디오 실행 여부 체크 후 **[지금 참가]**를 클릭한다.

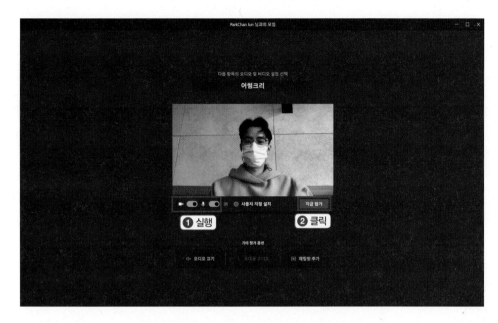

04 초대를 위한 링크 복사 화면이 나오며 회의실이 개설이 완료된다.

PART 04

MS팀즈 / 구글 Meet

2 화상 모임 미리 예약하기

지금 당장 모임을 시작하는 것이 아닌 나중에 모임을 열 수 있도록 예약하는 기능인 모임 예약을 해보도록 하자.

01 모임 메뉴 중 [**모임 예약**]을 클릭한다.

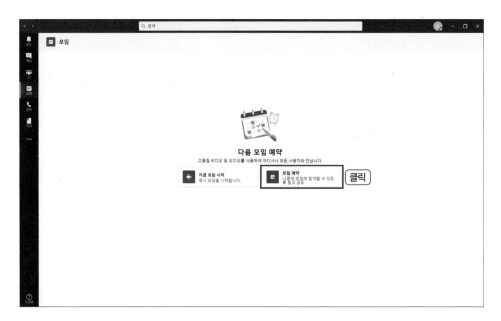

02 모임 이름과 날짜 및 시간을 입력하고 [**예약하기**]를 클릭한다.

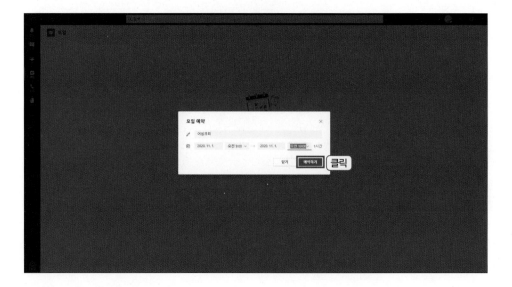

03 예약한 모임에 대한 초대를 하기 위한 모임 초대장 복사, 구글 캘린더에 일정을 올려 사람들과 공유할 수 있는 메뉴가 나오면서 모임 예약이 완료된다.

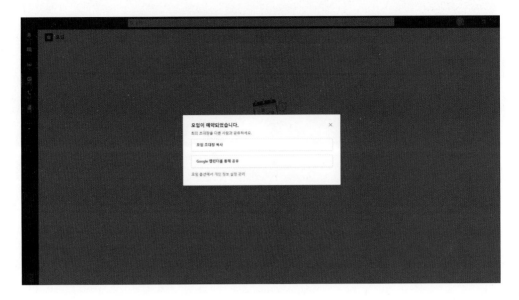

③ 화상 모임 초대하기

01 모임을 개설하고 나오는 첫 화면에서 [모임 링크 복사]를 클릭한다.

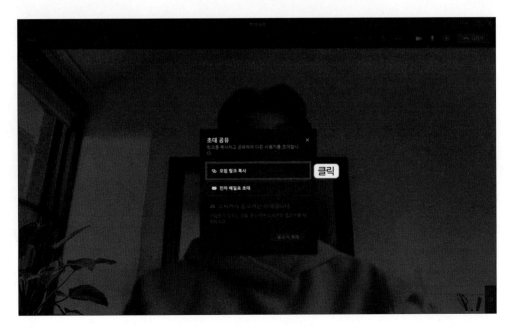

02 바로 화상 모임 메인 창으로 넘어갔을 경우 상단에 있는 참가자 표시 아이콘을 클릭한다.

03 클릭하면 나오는 오른편 메뉴 중 보라색으로 되어 있는 **[초대 공유]**를 클릭한다.

04 [모임 링크 복사]를 클릭하여 카카오톡이나 문자 또는 이메일로 링크를 공유한다.

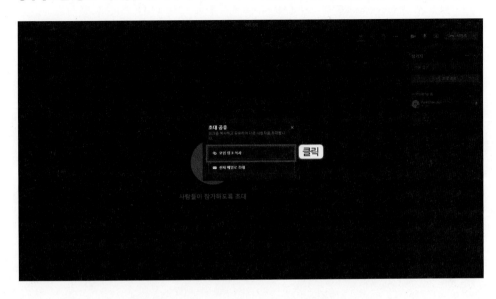

03 MS팀즈 화상 모임 활용

1 참여자 목록 보기

우측 상단 도구 바에서 첫 번째에 있는 참가자 표시 아이콘을 클릭하면 참여자 목록을 볼 수 있다.

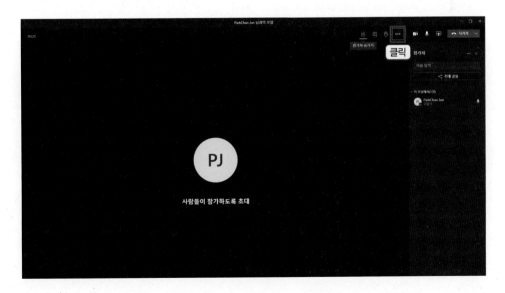

2 참여자 음성 제어 및 발표자 지정하기

참여자 목록에서 점 세 개가 표시되어 있는 기타 작업 아이콘을 클릭하면 참여자 음성을 제어할 수 있는 음소거 해제, 발표자 지정할 수 있는 권한 관리, 출석부와 같은 참석자 목록 다운로드 메뉴를 볼 수 있다.

3 가상 배경 활용하기

01 상단 도구 바에서 기타 작업 아이콘을 클릭한 후 [배경 효과 적용] 메뉴를 클릭한다.

02 다양한 배경 효과 중 원하는 것으로 선택하여 사용한다.

> **Tip!**
>
> 가지고 있는 사진으로 배경을 만들고자 하는 경우 '배경 설정' 아래에 위치한 '+새로 추가'를 클릭하여 이미지를 불러온다.

4 화상 모임 녹화하기

상단 도구 바에서 기타 작업 아이콘을 클릭하면 나오는 메뉴 중 **[녹음 시작]** 버튼을 클릭하면 회의를 기록할 수 있다.

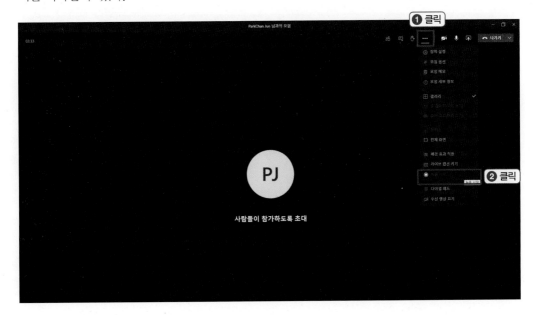

04 화면 공유하기 및 종료하기

화상 모임 메인 메뉴 중 상단 도구 바에서 [콘텐츠 공유] 아이콘을 클릭한다.

클릭하면 화면 공유를 할 수 있는 다양한 메뉴들이 나오는데, 아래 기능들에 대해서 자세하게 살펴보도록 하자.

1 시스템 오디오 포함

회의나 강의 중 동영상이나 음악을 재생하고자 할 경우 '**컴퓨터 소리 포함**'을 체크해야만 사운드가 포함되어 재생된다.

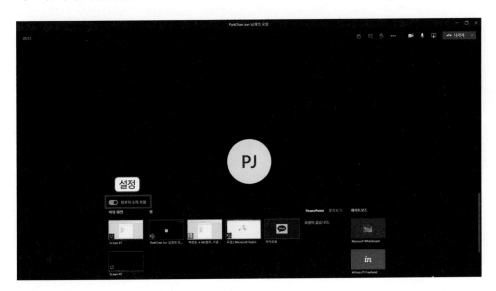

2 바탕화면 공유하기

나의 모니터 화면을 공유하고자 하는 경우 바탕화면 공유하기를 선택하여 원하는 화면을 공유하도록 한다.

3 특정 윈도 공유하기

인터넷 창이나 PPT 등 나의 PC에 띄워져 있는 프로그램을 보여주고 공유하고자 하는 경우 창 메뉴에서 선택하여 공유한다.

4 파워포인트 및 화이트보드 공유하기

위에서 언급했던 것처럼 MS팀즈는 MS Office와 호환이 잘되는데, 화면 공유에서도 파워포인트, 엑셀과 같은 MS Office에서 작업한 파일을 바로 공유할 수 있으며, 화이트보드 기능도 물론 사용할 수 있다.

5 종료하기

화상 모임을 종료하고자 할 경우 우측 상단의 **[나가기]** 버튼을 클릭하여 종료한다.

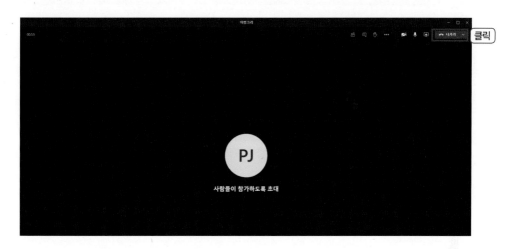

05 구글 Meet 시작하기

1 구글 계정 만들기

구글 Meet를 사용하기 위해선 구글 계정이 있어야 하므로 없는 경우 먼저 회원가입을 진행한다.

01 구글 사이트에 접속하여 오른쪽 상단에 위치한 **[로그인]** 버튼을 클릭한다.

Tip!

구글 Meet는 Internet Explorer
보다 Chrome에서 운용하는 것
이 가지고 있는 기능을 모두 사
용할 수 있으므로 Chrome으로
운용할 것을 추천한다.

02 [계정 만들기]를 클릭한다.

03 이름과 비밀번호 등을 순서대로 입력한 후 회원가입을 완료한다.

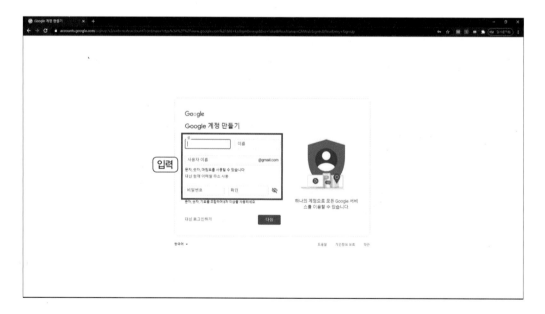

2 구글 Meet 접속하기

01 구글 첫 화면에서 오른쪽 상단 프로필 사진 좌측에 위치한 **Google 앱** 버튼을 클릭한다.

02 메뉴 중 **Meet** 아이콘을 클릭하면 접속이 완료된다.

06 구글 Meet 회의 개설 및 참여

1 새 회의 개설하기

01 Meet 아이콘을 클릭하면 다음과 같은 화면이 나오는데, 여기서 [새 회의]를 클릭한다.

02 [즉석 회의 시작] 버튼을 클릭하면 새 회의를 개설할 수 있다.

03 다음 화면으로 오디오 및 비디오를 테스트할 수 있는 화면이 표시되면 **[지금 참여하기]**를 클릭한다.

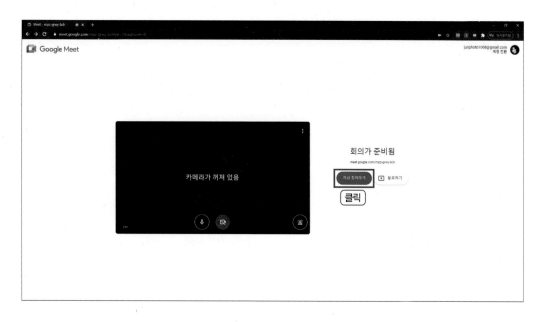

04 다음으로 넘어오면 초대 링크를 공유할 수 있는 화면이 표시되며 회의실 개설이 완료된다.

2 회의 초대하기

01 회의 개설을 위한 첫 페이지에서 **[공유할 회의 링크 받기]**를 클릭한다.

02 내 회의실에 해당되는 링크가 표시되면 오른쪽에 있는 아이콘을 클릭하여 복사를 진행한다.

03 회의실을 개설하고 초대하고자 할 경우 하단부에 위치한 회의 컨트롤에서 **[회의 세부정보]**를 클릭한 후 **[참여정보 복사]**를 클릭하여 링크를 공유한다.

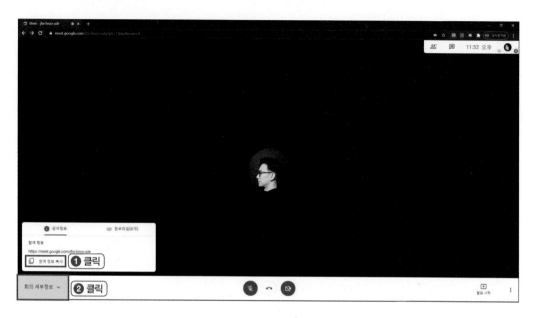

3 링크를 통한 회의 참여하기

호스트로부터 전달받은 초대 링크를 복사 후 구글 Meet 첫 화면에 보이는 '코드 또는 링크 입력' 란에 복사된 링크를 붙여넣기 하여 참여한다.

4 코드 입력을 통한 회의 참여하기

코드란에서 아래와 같이 / 뒤에 해당되는 'hdb-jtqo-myi' 부분이 코드이다. 아래 란에 다음과 같은 코드를 입력하면 회의실에 참여할 수 있다.

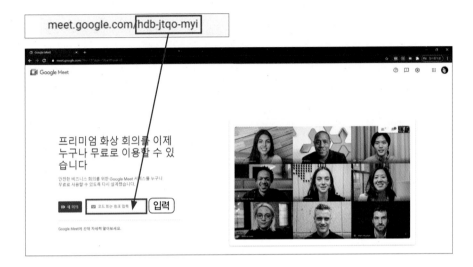

07 ｜ 구글 Meet 활용

1 비디오 및 오디오 설정 변경하기

01 아래 메뉴 중 점 세 개 아이콘을 가진 옵션 더보기를 클릭한 후 [설정] 버튼을 클릭한다.

02 설정 화면 왼편에 오디오, 영상 메뉴 중 설정하고자 하는 장비 메뉴에 들어간 후 설치한 웹캠 또는 마이크로 출력을 변경하여 사용하도록 한다.

2 화면 레이아웃 변경하기

01 옵션 더보기를 클릭한 후 [레이아웃] 변경을 클릭한다.

02 클릭하면 레이아웃 형태가 아래와 같이 4가지가 구성이 되어 있는데, 첫 번째 자동은 회의 시 시간차를 가지고 발표자 스포트라이트, 타일식 두 가지로 변경되는 방식. 두 번째 타일식은 참가자 얼굴이 바둑판 식으로 나오게 구성하는 방식. 세 번째 스포트라이트는 발표자만 보는 방식. 마지막 사이드바는 발표자를 화면 왼편에 크게 구성하며 오른편에는 참석자들의 얼굴을 보여주는 방식이다. 아래 타일에 위치한 스크롤을 좌우로 조정하면 최소 6명부터 최대 49명까지 한 화면에 보이게 구성할 수 있다.

3 가상 배경 설정하기

01 옵션 더보기를 클릭한 후 [배경 변경]을 클릭한다.

02 구글 미트에서 제공하는 다양한 가상 배경 중 하나를 선택하여 사용하거나, 사진에 표시되어 있는 '+' 버튼을 클릭하여 다운로드한 이미지를 삽입하여 배경으로 사용한다.

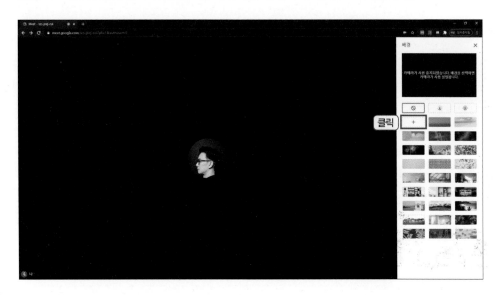

08 🎥 화면 공유하기 및 종료하기

아래 도구 메뉴 중 **[발표 시작]** 버튼을 클릭하면 화면 공유를 실행할 수 있으며, 여러 가지 기능을 살펴보도록 하자.

1 내 전체 화면 공유하기

나의 모니터 화면을 공유하고자 하는 경우 내 전체 화면을 선택하여 공유한다.

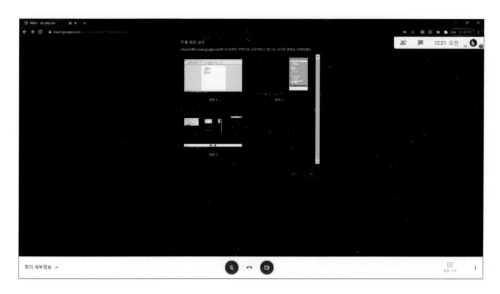

2 창 기능을 이용한 공유하기

나의 PC에 띄워져 있는 PPT, 인터넷 창 등 프로그램으로 바로 넘어가 공유하고자 하는 경우 창을 선택하여 공유한다.

3 Chrome 탭으로 공유하기

참고로 구글 Meet에서 동영상이나 소리가 담긴 파일을 재생시키고자 할 경우 Chorme 탭으로 공유해야만 소리도 함께 공유할 수 있다. 유튜브나 동영상 재생 사이트에 업로드하여 Chrome으로 접속 후 공유한다.

4 종료하기

회의를 종료하고자 할 경우 하단 가운데 **'통화에서 나가기'**를 클릭하여 종료한다.

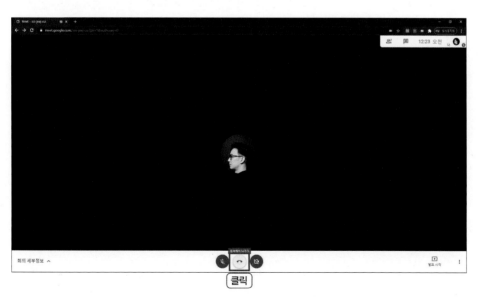

클릭

함께 보면 좋은 해외 플랫폼 - 웹엑스

시스코는 "보안을 저해하지 않는 협업을 기본 원칙으로 한다"라고 할 만큼 보안성이 탁월하며, UI가 비교적 단순하고 직관적이어서 많이 사용하는 화상회의 플랫폼 중의 하나이다.

그리고 가장 오래된 화상회의 프로그램으로 안정성이 뛰어나며 요즘 대세인 줌을 대체할 수 있는 프로그램이라고 여겨지기도 한다.

다른 플랫폼과 같이 PC뿐만 아니라 스마트폰에서도 사용 가능하며 지연시간이 적어서 언제 어디서나 빠르고 쉽게 화상회의를 진행할 수 있는 플랫폼이다.

PART

05

생중계 Live 플랫폼

01 생중계 Live의 이해 및 방송 시 주의점

01 ◖ 생중계 Live의 이해

2010년대에 들어 주목받기 시작한 비디오 콘텐츠 트렌드는 현재 한 단계 더 진화하여 단순한 동영상을 넘어서 실시간으로 시청하는 '라이브 비디오'가 등장하였다. 그리고 그 인기가 상승하고 있다. 생중계 Live 플랫폼은 인터넷과 SNS를 통해서 전 세계 누구나 시청할 수 있는 실시간 생중계 비디오를 말한다.

생중계 Live 플랫폼 참여자들은 평범한 개인에서 연예인이나 정치인 같은 셀러브리티(Celebrity), 그리고 전통적인 방송사와 신문사들까지 포함하고 있다. 생중계 Live의 매력은 단순하고 쉬워서 누구나 자발적으로 스마트폰만 있으면 실시간으로 방송할 수 있는 점과 광범위한 생중계 Live 플랫폼 사용자들과 공유하며 공감할 수 있는 빠르고 강력한 네트워크 효과가 있다. '모든 사람에 의한, 모든 사람을 위한, 모든 사람의' 영상 창작, 제작, 유통의 대중화가 현실화된 것이다. 현재 많은 크리에이터들이 게임, 요리, 라이프, 취미 등 다양한 분야의 영상 창작에 뛰어들면서 전문가들 못지않은 퀄리티를 지닌 영상과 라이브 콘텐츠들을 대량으로 생산하고 공유하면서 폭발적 인기를 끌고 있다.

인터넷상에서 큰 영향력을 행사하고 있는 플랫폼들이 앞다퉈서 라이브 비디오 기능을 도입하고 있다. 대표적인 SNS인 페이스북도 '페이스북 Live'를 구축했으며 유튜브 역시 라이브 비디오를 지원하고 있다. 글로벌 동영상 라이브 송출 도구인 프리즘 Live 스튜디오는 현재 손쉬운 설정과 개성 있는 이펙트로 다양한 플랫폼에 방송할 수 있게 하는 라이브 방송에 초점을 둔 앱이었는데, 이제 더 나아가 다양한 방식으로 영상을 촬영하고, 촬영 후 재미난 이펙트와 3D 텍스트 그래픽 효과 등을 더한 편집 기능까지 추가되어 라이브 방송뿐만 아니라, 영상 콘텐츠 제작도 할 수 있는 동영상 제작 도구로서 최적화된 앱으로 정식 오픈하였다. 그뿐만 아니라 인스타그램, 네이버 밴드, 카카오 LIVE 등 영상을 공유하고 확산할 수 있는 다양한 생중계 Live 채널들도 활성화되어 있다.

02 ┃ 생중계 Live 방송 시 주의점

생중계 Live의 강점은 생중계를 통한 리얼리티와 즉시성 확보에 있는데, 이러한 이유 때문에 생중계 Live의 성공 여부는 안정적인 스트리밍에 좌우된다는 분석이 있다. 연구에 따르면 인터넷 영상이 2초 이내에 재생되지 않을 경우 시청자들은 다른 링크를 클릭하기 시작하고, 5초 안에 영상이 재생되지 않으면 25 퍼센트가 시청을 포기하며, 10초를 넘어서면 50 퍼센트가 시청을 포기하는 것으로 나타났다. 콘텐츠가 아무리 좋다 하더라도 중계 영상이 제대로 나오지 않으면 오히려 생방송 Live를 주최하는 호스트에게 부정적 영향을 줄 수 있다. 그러므로 생중계 Live 플랫폼을 제공하는 기업의 경우 많은 인원이 몰릴 경우에도 안정적으로 재생할 수 있는 환경을 갖춰야 한다. 또한 라이브 방송의 경우 실시간으로 방송되기 때문에 예기치 못한 상황이 발생할 수 있어 더욱 주의를 기울여야 한다.

01 OBS 스튜디오 생방송 소개

YouTube LIVE 방송은 인터넷 생방송을 말한다. 이러한 환경에서 필요한 것이 비디오와 오디오 신호를 전달받아 송출하는 개인 PC 또는 모바일 기기와 이를 전 세계로 뿌려주는 미디어 서버다.

오디오, 비디오 신호를 인터넷을 통해 서버에 전달할 때 사용해야 하는 방식이 있는데, Adobe사에서 개발한 RTMP(Real Time Messaging Protocol, 리얼 타임 메시징 프로토콜)라는 통신 규약을 사용한다. RTMP는 인터넷 LIVE 방송(스트리밍)에 많이 사용되고 있으며 YouTube LIVE 방송에서도 사용되고 있다.

OBS Studio(Open Broadcaster Software, OBS 스튜디오)는 무료로 공개된 녹화 및 인터넷 LIVE 방송(스트리밍) 인코딩 프로그램으로, PC에 연결된 카메라나 오디오 장비를 통한 YouTube LIVE 방송(스트리밍)에 많이 사용되고 있다. OBS 스튜디오를 이용한 방송 녹화와 YouTube LIVE 방송하기를 배워 보도록 하자.

1 OBS 스튜디오 다운로드 및 설치

01 OBS 스튜디오 사이트에 접속한다.

주소 : **www.obsproject.com**

02 OBS 스튜디오 사이트에서 자신의 PC 환경에 맞는 버전을 다운로드한다. Windows 버튼을 클릭하면 자신의 PC에 저장된다.

03 다운로드 폴더에서 OBS 스튜디오 프로그램을 실행시켜 설치한다.

04 다음과 같이 OBS 스튜디오 프로그램을 설치한다.

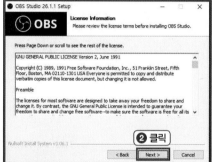

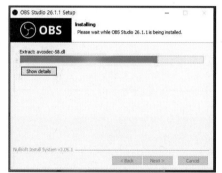

05 [Finish] 버튼을 눌러 설치를 완료한다.

2 OBS 스튜디오 기능 소개

OBS 스튜디오는 외부 입력된 카메라나 오디오 장치 동영상 파일, 이미지, PPT, 웹페이지 등 다양한 소스를 개인이 직관적으로 선택 운영할 수 있다는 장점이 있다. 이를 활용해 방송이나 동영상 녹화 시 다양한 형태의 소스를 방송에 스위칭하여 구현할 수 있다.

01 바탕화면에 생성된 'OBS studio'를 클릭하여 프로그램을 실행시킨다.

02 다음과 같은 기본화면이 나타난다.

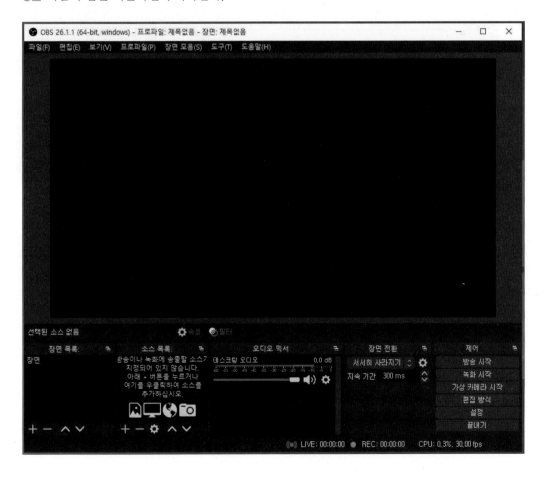

03 OBS 스튜디오는 여섯 개의 화면구성으로 되어 있다.

❶ **작업 창(작업 화면):** 방송 송출되는 최종 화면이 표시된다. 우측 하단 편집 방식 메뉴를 선택하면 소스를 확인하고 프로그램에 방송할 수 있는 방식으로 모드 변경이 가능하다.

❷ **장면 목록:** 방송에 사용할 화면을 미리 만들어 모아두는 곳으로 각 장면을 만들면 하위에 소스 목록을 넣을 수 있다.

❸ **소스 목록:** 장면 목록에서 만들어진 화면에 사용되는 이미지, 동영상, 웹페이지, 오디오, 카메라 입력 화면 등 다양한 소스를 추가할 수 있다.

❹ **믹서:** 오디오 믹서 입력장치 및 출력장치, 동영상 등의 음량 조절이 가능하다.

❺ **장면 전환:** 다른 소스 화면으로 전환될 때 효과를 선택 조절할 수 있다.

❻ **제어 및 설정:** 방송 시작, 녹화 시작 등 제어가 가능하며 설정 조절이 가능하다 .

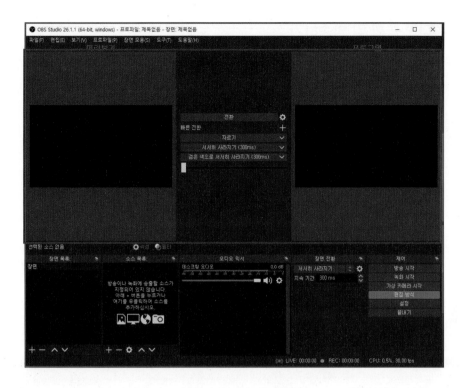

04 우측 하단 메뉴에 있는 **[설정]** 버튼을 클릭하면 방송, 출력, 녹화 등의 설정이 가능하다.

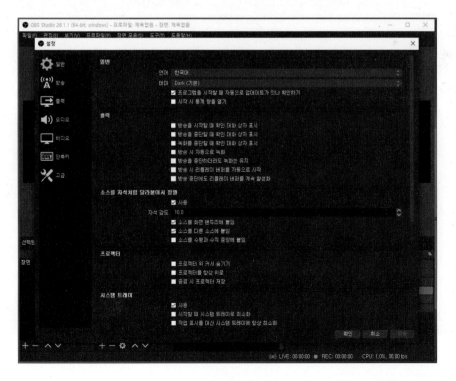

PART 05

생중계 Live 플랫폼

3 OBS 스튜디오 녹화 및 방송하기

OBS 스튜디오를 통한 YouTube LIVE 방송을 하기 위해선 YouTube 채널에서 '스트림 키'를 가져와야 한다. 이를 OBS 스튜디오에 적용하고 송출한 방송을 내 컴퓨터에 저장하는 방법을 알아보자.

01 YouTube 채널에 로그인 후 만들기 버튼에서 [**실시간 스트리밍 시작**]을 클릭한다.

02 좌측 상단 [**스트림**] 버튼을 클릭 후 하단 '스트림 키(인코더에 붙여넣기)'에 있는 [**복사**] 버튼을 클릭하여 키를 복사한다.

03 OBS 스튜디오로 이동하여 우측 하단 **[설정]** 버튼을 클릭하고 왼쪽 메뉴 중 '방송' 설정으로 이동한 후 서비스는 YouTube/YouTube Gaming 모드로 변경한다. 그리고 바로 아래에 있는 스트림 키 부분에 YouTube 채널에서 복사해온 스트림 키 값을 붙여넣기한 후 하단의 [확인] 버튼을 클릭하여 적용시킨다.

04 OBS 녹화 설정은 우측 하단에 있는 **설정 → 출력** 메뉴를 클릭하여 중앙에서 녹화에 대한 설정이 가능하다. [찾아보기]를 클릭하여 저장하고자 하는 내 컴퓨터의 위치를 설정한 후 녹화 품질, 녹화 형식을 클릭한다.

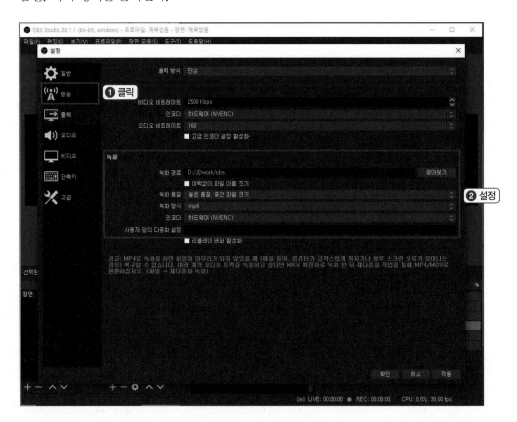

MP4 파일 형식으로 저장하게 되면 고화질의 영상을 중간 용량의 파일로 저장할 수 있지만, 급작스런 정전이나 사고에 의한 방송 중단 시 정상적인 녹화가 이루어지지 않아 복구가 어렵다. 후반 작업을 위한 OBS에선 MKV 확장자를 권고한다.

05 방송 소스 추가하기

'소스 목록' 하단에 위치한 '+' 버튼을 눌러 동영상, 카메라, 이미지, 웹페이지 등의 소스를 넣을 수 있고 '–' 버튼을 눌러 소스를 삭제할 수 있다.

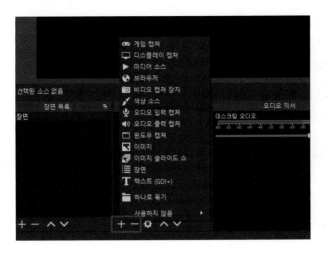

06 카메라 영상 넣기 위해선 소스 목록 중 **[비디오 캡쳐 장치]** 메뉴를 누른 후 [확인]을 클릭한다.

07 소스 목록에 생성된 '비디오 캡쳐 장치'를 클릭하면 속성 화면이 나온다. '장치' 메뉴를 선택하면 지금 내 PC에 연결된 카메라 장비 표시되며, 이를 선택 후 [확인]을 클릭한다.

08 소스 목록에 생성된 소스들은 비율에 따라 마우스로 자유롭게 크기 조절이 가능하며 목록 상위에 올라온 소스가 화면 맨 위에 나타난다. 이렇게 방송을 위한 준비는 완료된다.

09 방송 준비가 완료되면 우측 하단 '방송 시작' 및 '녹화 시작'을 클릭한다. '방송 중단', '녹화 중단'을 클릭하면 방송과 녹화가 중단된다.

10 YouTube 채널로 이동하여 방송이 시작된 걸 확인한다. 방송이 종료되면 우측 상단 [**스트림 종료**] 버튼을 클릭하여 종료한다.

클릭

4 OBS 스튜디오 크로마키 합성

색조의 차이를 이용한 크로마키 합성은 기상캐스터나 게임방송 등에서 이미 많이 활용되고 있으며, OBS 스튜디오 프로그램을 활용하면 누구나 손쉽게 구현 가능하다.

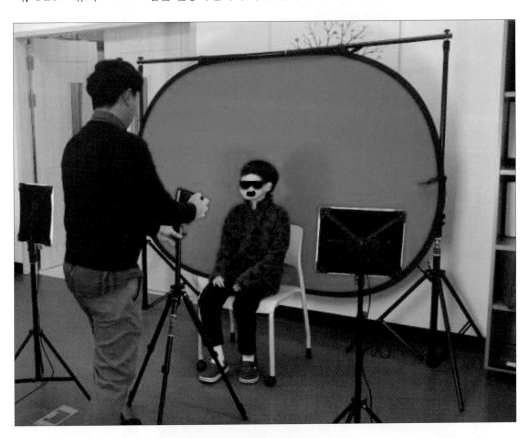

※ 준비사항: 크로마키 배경 천 또는 파란색이나 녹색을 배경으로 촬영된 영상

01 이 소스 목록에서 크로마키를 배경으로 촬영된 영상이나 [비디오 캡쳐 장치]를 최상단으로 올리고 합성시킬 배경 소스를 하단에 위치시킨다. 소스 목록에서 [비디오 캡쳐 장치]를 선택한 후 마우스 오른쪽 버튼을 눌러 **[필터]** 메뉴를 클릭한다.

02 '비디오 캡쳐 장치'에 대한 필터 좌측 하단 '효과 필터' 항목에서 아래의 '+' 버튼을 클릭하면 '크로마키' 효과를 적용할 수 있다.

03 '키 색상 형식'에서 해당되는 배경색을 선택하면 자동으로 카메라 영상에서 '녹색' 키가 빠지면서 배경이 사라진다.

04 크로마키 배경이 잘 빠지지 않을 때는 '키 색상 형식'을 'Custom'으로 전환하여 '색상 지정'을 선택하면 배경과 가장 유사한 색상을 직접 선택해서 적용할 수 있다.

05 배경과 합성된 영상이 완성되었다.

OSB 스튜디오를 통한 YouTube Live 방송은 웹캠만을 사용하는 단조로운 방식을 떠나 자신이 전달하고 싶은 다양한 영상이나 자료를 정확하고 깔끔하게 전달할 수 있어 많은 1인 미디어 제작자들이 활용하고 있다. 이곳에서 소개되지 않은 많은 기능들은 실습을 통해 직접 적용하여 사용해보길 권한다.

02 ▌ PRISM LIVE 스튜디오 방송하기

PRISM LIVE 스튜디오는 네이버가 OBS 스튜디오 기반으로 개발해서 무료로 배포 중이며, OBS 스튜디오를 사용해본 사용자라면 누구나 쉽게 따라할 수 있는 PC와 모바일에서 사용 가능한 영상 편집 및 라이브 방송 프로그램이다.

다양한 부가 효과가 들어간 PRISM LIVE 스튜디오는 유튜브, 아프리카, 페이스북, 트위치 네이버TV 등의 방송 플랫폼 어디든 최대 6개의 채널에 동시에 송출이 가능한 기능을 가지고 있다. 또한 모바일 버전에서는 유튜브 모바일 생방송 제한(구독자 1000명 이하 채널 모바일 방송 차단)을 받지 않아 많은 사람들이 활용하고 있다. 이번 시간에는 PRISM LIVE 스튜디오 PC 버전에 대해서 기능과 생방송 방법을 설명하고자 한다.

1 PRISM LIVE 스튜디오 다운로드 및 설치

01 프로그램 다운로드

해당 사이트에 접속하여 다운로드 버튼을 누르고 프로그램을 설치한다.

사이트 주소: **https://prismlive.com/ko_kr/pcapp/**

02 다운로드된 설치 파일을 실행시킨다.

PRISMLiveStudio
_Setup_x64_2.3.
0.107

03 인스톨러 언어를 '**한국어**'로 선택하고 [확인] 버튼을 클릭하여 PRISM LIVE 스튜디오를 설치한다.

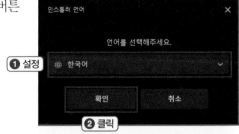

04 바탕화면에 생성된 아이콘을 클릭하여 PRISM LIVE 스튜디오를 실행시킨다.

05 [**시작**] 버튼을 클릭하면 프로그램이 시작된다.

06 사용자가 가지고 있는 E-mail 계정을 통해서 로그인한다.

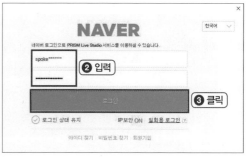

07 PRISM LIVE 스튜디오 기본 화면 구성이다.

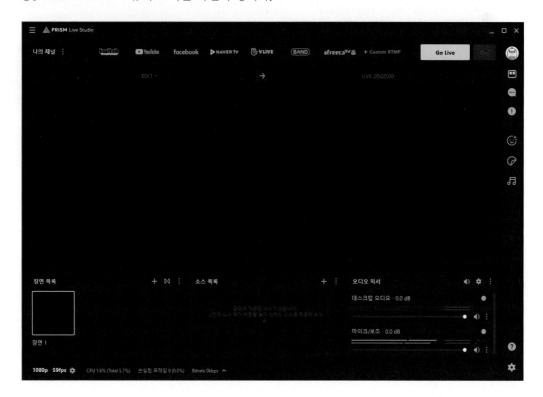

2 PRISM LIVE 스튜디오 기능 소개

❼ 화질 설정

❶ 나의 채널: 유튜브, 페이스북, 네이버TV, 트위치, 밴드, 아프리카 등 송출할 방송 채널의 로그인 상태를 보여준다.

❷ 방송, 녹화 : 시작 및 중단 상태 제어

❸ 장면 목록 : 방송에 사용할 장면들을 모아 놓은 곳으로 소스 목록의 상위 개념이다.

❹ 소스 목록 : 장면 목록에 실제로 들어갈 소스(카메라, 이미지, 오디오, 웹페이지, 모니터 자막 설정 등)를 모아 놓은 곳이다.

❺ 오디오 믹서 : 방송에 사용되는 오디오 소스들의 볼륨을 조절한다.

❻ 모드 변경, 효과 적용 : 화면 모드 변경, 채팅창 관리, 알림, 뷰티 이펙트, 스티커, 뮤직 플레이 리스트 기능들을 적용한다.

❼ 화질 설정 : 방송 화면의 화질 해상도 및 녹화 설정이 가능하다.

❽ 작업 화면 : 실제 방송에 송출되는 소스를 보여주는 창으로, 우측 스튜디오 모드 변경을 적용하면 화면 미리보기 모드로 변경된다.

3 PRISM LIVE 스튜디오 다중송출 방송하기

PRISM LIVE 스튜디오의 기능 중에 하나인 여러 채널에 동시 송출 기능을 알아보고 녹화 및 방송하기를 실습해 본다.

01 방송녹화 설정하기

좌측 하단 화질 설정 모드로 들어간 후 왼쪽 두 번째 **'출력'**을 선택하면 출력 해상도 및 녹화 경로설정이 가능하다.

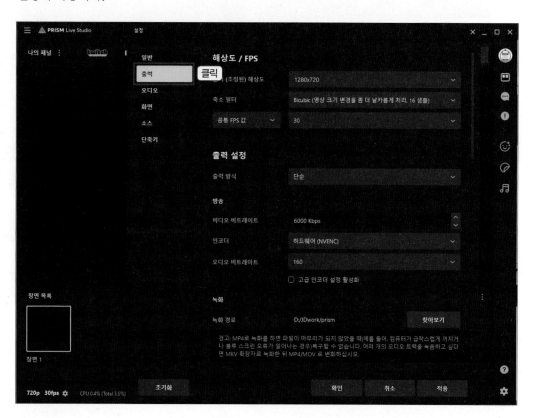

Tip!

녹화 설정 시 파일 형식을 MP4로 녹화하면 갑작스런 컴퓨터 꺼짐 등 돌발 상황 시 파일을 복구할 수 없다. 여러 개의 오디오 트랙을 녹음하고 싶다면 MKV 확장자로 녹화한 후 MP4나 MOV 파일로 변환하여사용한다.

02 방송 채널 로그인

왼쪽 상단 '나의 채널' 옆 점 세 개 아이콘을 눌러 [채널 추가] 버튼을 클릭한 후 원하는 방송 플랫
폼을 선택하고 로그인한다.

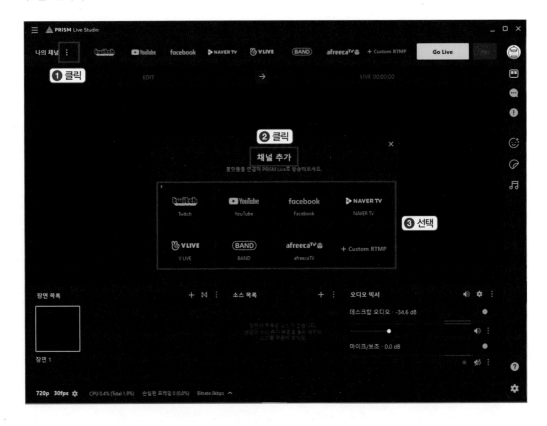

03 로그인이 완료되면 상단에 방송 채널의 로그인 상태가 표시된다.

PC 버전에서 라이브 방송을 하기 위해선 RTMP 서버를 사용하는 스트림 키 가져오기 방식을 사용해야
한다. 페이스북을 예를 들어 적용해 보도록 한다.

04 프리즘 라이브 페이스북 방송 설정하기

페이스북에서 라이브를 한다면 기존 아이콘을 사용하지 말고 꼭 우측 하단에 '+Custom RTMP'
를 선택해야 한다.

ㄱ 새로운 인터넷 창을 열어서 페이스북에 로그인 후 **'라이브 방송'** 아이콘 선택한다.

ㄴ 라이브 방송 준비 모드에서 **'스트림 키 사용'**을 선택하고 영구 스트림 키 사용을 활성화시켜 우측 하단에 '스트림 키'를 복사한다.

ㄷ 다시 PRISM LIVE 스튜디오로 돌아와서 Custom RTMP 창에 페이스북 URL을 지정한 후 '스트림 키' 영역에 페이스북에서 복사해온 '스트림 키'를 붙여넣기 하고 **[저장]**을 클릭한다. 동일한 방법으로 유튜브 채널의 '스트림 키'를 Custom RTMP에 추가한다.

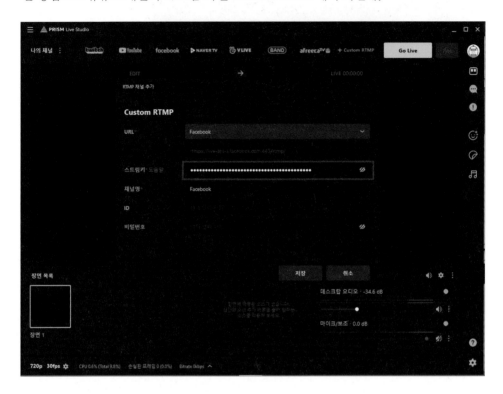

ㄹ 상단 '나의 채널' 옆에 방송 로그인된 채널이 표시된다.

ㅁ 'Go Live'를 눌러 방송을 시작한 후에는 페이스북 페이지 방송 준비 모드 좌측 하단 파란색 **[방송하기]** 버튼을 클릭해야 페이스북 타임라인에 방송이 시작된다.

05 소스 입력하기

소스 목록 우측 '+' 버튼을 클릭하면 웹캠/비디오 캡처 장치, 오디오, 게임, 모니터, 윈도 등 다양한 방송용 소스를 적용해서 화면을 구성할 수 있다.

06 '웹캠/비디오 캡처 장치'를 눌러 활성화시키면 내 PC에 연결된 카메라 장비가 표시되어 활성화 되며, [확인]을 클릭하여 적용시킨다.

07 우측 상단 'Go Live'를 클릭하면 방송이 시작되고, 'Rec'를 클릭하면 녹화가 시작된다.

08 우측 상단 'Finish'를 클릭하면 방송이 종료되고, 'Stop'을 클릭하면 녹화가 중단된다.

09 방송과 녹화가 종료된다.

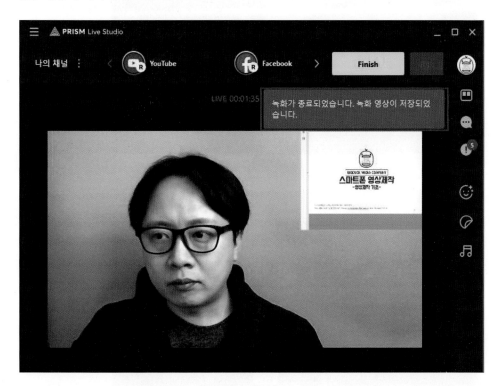

Tip!

- PRISM Live studio에서는 어떤 플랫폼이든 최대 6개의 채널에 생방송 송출이 가능하다.
- 한 번 플랫폼 채널을 연결하면, 연동 정보가 유지되어 빠르게 방송 시작이 가능하다.

10 추가 기능 설명– 자막 넣기

ㄱ PRISM LIVE 스튜디오에는 자막 넣기 기능이 있다. 소스 목록에서 '+'를 눌러 [텍스트] 메뉴를 선택한다.

ㄴ 텍스트 창에 내용을 입력한다.

ㄷ '글꼴 선택'을 클릭하면 폰트 선택도 가능하다.

> **Tip!**
>
> • 라이브 방송에 업그레이드된 뷰티이펙트를 사용하면 얼굴 보정과 피부 보정 등 모바일 뷰티앱과 같은 효과가 실시간으로 적용된다.
>
> • 가상 배경 기능을 활용하여 별도의 세트나 크로마키 배경이 없이도 다양한 가상 배경을 적용할 수 있다.

ㄹ 화면에 자막이 적용되었다.

PRISM LIVE 스튜디오를 활용하면 누구나 쉽게 높은 수준의 LIVE 방송을 제작할 수 있다. 자막, 뷰티효과, 스티커 등 다양한 기능을 직접 적용해서 연습해보도록 한다.

PRISM LIVE 스튜디오 PC 버전에서의 주의사항은 나의 방송 채널 추가 시 꼭 'Custom RTMP' 채널 추가를 통한 방식을 사용해야 한다는 것을 유의해야 한다.

지금까지 PRISM LIVE 스튜디오에 대해서 알아보았다.

Tip!

- 새롭게 추가된 모바일 PC 연동 기능을 활용하면 같은 Wifi 공간에서 내 스마트폰에 설치된 PRISM 모바일 앱을 통해 PC 소스 목록에 스마트폰 영상을 실시간으로 전송할 수 있다.

- YouTube 라이브 스트리밍을 휴대기기(스마트폰)에서 직접 하려면 채널 구독자가 1,000명 이상으로 제한되어 있다. 하지만 PRISM Live studio 모바일 앱을 사용하면 구독자가 소수여도 라이브 스트리밍이 가능하다.

- PRISM Live studio를 통해 네이버 쇼핑라이브를 진행하면 배경음악, 쇼핑 전용 자막이펙트, 자료화면 오버레이, 배경음악 등 PRISM이 제공하는 효과들을 활용할 수 있다.

03 네이버 밴드 / 카카오톡 Live 특장점 및 활용법

01 네이버 밴드 Live 방송하기

비대면 업무뿐만 아니라 수업도 가능한 네이버 밴드는 워낙 익숙한 어플이고 많이 사용되고 있는 어플이다. 스마트폰으로도 활용되고 있지만 PC로도 라이브 방송을 어떻게 진행하는지에 대해 알아보도록하자.

1 네이버 밴드 회원가입하기

네이버 밴드 Live 방송을 하기 위해서는 밴드에 가입해야 한다.

네이버 밴드를 검색 후 회원가입을 한다.

01 먼저 네이버 밴드 사이트에 접속한다. → https://band.us

02 회원가입을 위해서 휴대폰 번호 또는 이메일로 가입, 비밀번호, 이름, 생일을 입력한 후 **[회원가입]** 버튼을 클릭한다.

페이스북 아이디나 네이버 아이디가 있는 경우 [페이스북으로 가입]이나 [네이버로 가입] 버튼을 클릭하여 계정 만들기를 진행한다. 만약 이미 아이디가 있는 경우 '로그인하기'를 클릭하여 바로 접속한다.

03 회원가입을 위해 전체동의와 [확인] 버튼을 클릭한다.

04 ②번에서 입력한 이메일 주소나 핸드폰 번호로 전송된 인증 번호를 입력하면 가입신청을 완료할 수 있다.

2 네이버 밴드 만들기

01 네이버 밴드 Live 방송을 위해 밴드를 만들어 준다.

02 수업 용도에 맞는 모임을 클릭한다.

03 밴드명 입력과 사진 설정 후, 하단부 밴드의 공개 설정 버튼을 클릭한다.

수업 용도에 맞게 비공개가 필요한 경우 '비공개 밴드'를 체크한다. 게시글은 멤버만 볼 수 있는 '밴드명 공개 밴드' 설정이 있고, 누구나 밴드를 검색하고 소개 게시글을 볼 수 있게 한다면 '공개 밴드'를 체크하여 설정한다.

04 내 밴드의 하단에 있는 설정을 클릭한다.

크게 내 프로필, 내 밴드 정보 관리, 멤버 가입 관리, 멤버 활동 관리, 밴드 메뉴 관리 등을 설정할 수 있다.

ㄱ ④번 밴드 설정에 멤버 가입관리에서 변경을 통해 최대 멤버수를 설정할 수 있다. 기본적으로 최대 멤버수는 1000명까지로 설정되어 있다.

ㄴ 최대 멤버수를 늘리고 싶다면 1000명까지로 설정되어 있다. **'무제한(빅밴드)'**으로 설정한다.

ㄷ 무제한(빅밴드)는 무제한으로 멤버를 초대할 수 있는 대형 모임을 만들 수 있다. 멤버수 설정 변경은 하루에 1회만 가능하며, 무제한 설정 후 실제 멤버수가 1천 명 이상이 되면 설정을 다시 되돌릴 수 없다.

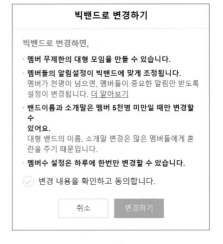

ㄹ 멤버 활동 관리에서는 멤버들의 글쓰기, 댓글 쓰기, 사진 올리기, 라이브 방송 등의 권한을 설정할 수 있다. 공동리더 관리에서는 공동리더를 추가할 수 있으며 함께 밴드를 운영할 수 있는 권한을 갖는다.

3 네이버 밴드 Live 방송하기

01 밴드 글쓰기에서 **[라이브 방송]** 버튼을 클릭한다.

02 라이브 방송의 소개글을 입력한다.

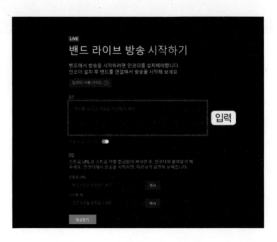

03 방송 중 실시간 대화를 이용하려면 방송 중 **[실시간 대화]** 버튼을 활성화한다.

04 스트림 URL과 스트림 키 **[발급받기]** 버튼을 클릭한다.

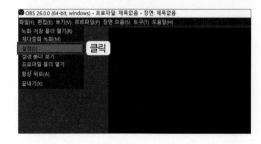

05 OBS를 실행시키고 파일에서 **[설정]**을 클릭한다.

06 설정에서 방송을 선택하고 사용자 지정을 클릭한다.

07 밴드에서 스트림 URL과 스트림 키를 복사하여 발급 3분 이내로 OBS 서버에 붙여넣기 한다.
서버와 스트림 키의 복사가 완료되면 [확인] 버튼을 클릭한다.

08 OBS Studio에서 **[방송 시작]** 버튼을 클릭한다.

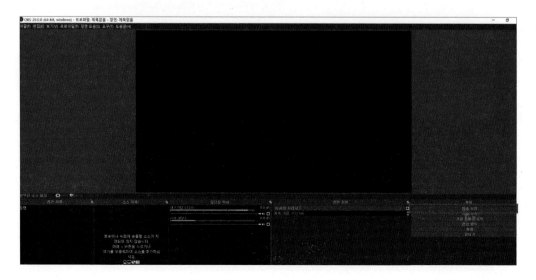

09 OBS Studio에서 방송을 시작하면, 밴드에 방송 미리보기 화면이 나타난다. **[라이브 방송 시작]** 버튼을 클릭하여 라이브 방송을 시작한다.

10 밴드 라이브 방송은 1회에 2시간까지 가능하다.

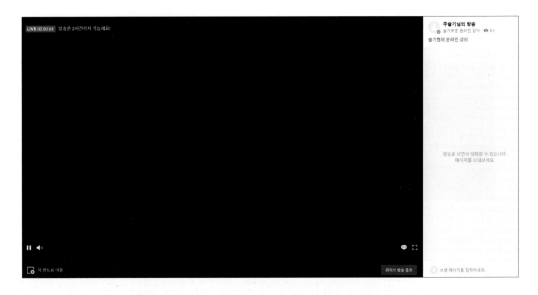

11 방송 화면 우측 상단에 있는 메뉴 버튼을 클릭하고, 방송의 주소 복사를 클릭하여 시청자들에게 전송한다.

12 시청 중인 멤버보기를 클릭하면 시청자를 확인할 수 있다.

13 시청자 수 표시 아이콘을 클릭하여 시청자를 확인할 수도 있다.

14 채팅창에 메시지를 입력하여 방송 중에 시청자들과 실시간 대화를 나눌 수 있다.

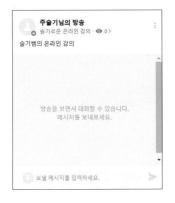

15 메시지 옆 메뉴 버튼을 누르고 [메시지 고정]을 클릭하면, 특정 메시지를 채팅창 상단에 고정할 수 있다.

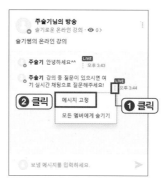

16 불필요한 메시지는 메시지 옆 메뉴 버튼을 클릭하고, [모든 멤버에게 숨기기]를 클릭하여 메시지를 가릴 수 있습니다.

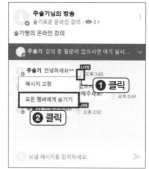

17 방송 화면 왼쪽 하단에서 방송을 일시 정지하거나 방송 볼륨을 조절할 수 있다.

18 이 밴드로 이동을 클릭하면 밴드 메인화면으로 이동한다.

19 방송 화면 오른쪽 하단에서 채팅창을 보이지 않게 하거나 전체화면으로 설정할 수 있다.

20 방송을 끝내려면 [**라이브 방송 종료**] 버튼을 클릭하고 [확인] 버튼을 클릭한다.

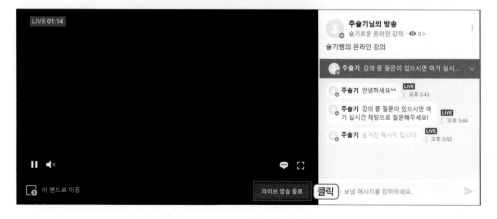

21 [게시글로 공유]를 클릭하면 방송 영상이 저장되어 밴드 게시글로 등록된다.

22 게시글의 메뉴 버튼을 클릭하여 수정 또는 삭제할 수 있다.

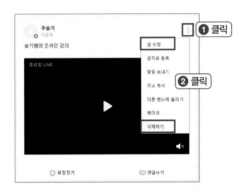

23 OBS Studio에서 **'방송 중단'**을 클릭하고 끝내기를 클릭한다.

4 네이버 밴드 Live 활용 및 특장점

온라인 원격 수업을 준비하다 보니 여러 프로그램을 살펴보게 되고 생소한 앱에 적응하고 배우는 데 시간이 걸리는데, 밴드처럼 우리에게 익숙한 앱이 원격 수업을 지원하면서 편리해졌다. 원격 교육이 본격적으로 시작된 지난해 신학기 밴드 개설 수는 누적 7만 8000개, 가입자 수 135만 명을 기록하는 등 교육 현장의 호응을 얻었던 밴드는 올해에도 많은 학교에서 온라인 학급 툴로 이용되고 있다. 전년 대비 신학기 밴드 개설 수는 3.3배, 신학기 밴드 가입자 수는 5.4배 증가했다.

밴드에서는 하나의 플랫폼에서 출석 체크, 라이브 방송, 과제 제출 등이 가능해 수업 관리 및 교사와 학생 간의 커뮤니케이션 플랫폼이 유용하다.

특히, '라이브 방송 기능은 비대면 문화의 확산과 함께 사용성이 증가하고 있다. 제한된 멤버에게 라이브 방송을 할 때 사용할 수 있다. 리더가 라이브 메뉴를 선택해서 방송을 할 수 있고 밴드 환경 설정을 변경하면 공동리더, 모든 멤버가 방송을 할 수 있다. 글쓰기를 누른 후 라이브를 선택하면 된다. 한 번에 2시간, 하루에 5번까지 방송이 가능하다.

밴드에는 예약 글쓰기 기능을 이용해 미리 수업 콘텐츠를 준비하고 정해진 시간에 게시글을 발행할 수 있어 편리하다. 밴드 게시글에 라이브한 방송도 저장 여부를 설정할 수 있어 수업 게시물의 저작권도 보호할 수 있다.

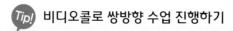
Tip! 비디오콜로 쌍방향 수업 진행하기

2월 24일부터는 쌍방향 수업 지원이 필요한 교사들을 위해 영상 통화 기능인 '비디오콜'을 PC에서도 이용할 수 있도록 업데이트되었다. 수업에 참여할 멤버들을 초대해 채팅방을 만든 후 '비디오콜'을 눌러 시작한다. 한 번에 50명까지 참여할 수 있으며, PC에서는 발표자의 화면을 공유할 수 있는 기능이 있어 편리하다.

1 PC 비디오콜 사용 방법

01 밴드 채팅을 클릭한다.

02 하단에 비디오콜 메뉴를 클릭하여
시작한다.

03 우측 상단에서 비디오콜에 초대할
멤버들을 초대한다.

04 여러 명의 얼굴을 보며 진행할 때
는 분할 모드를 이용한다.

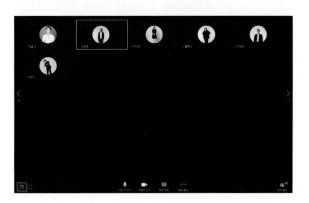

05 발표자에게 집중이 필요할 때는 크게 보기 모드를 선택한다.

06 [화면 공유] 버튼을 눌러 수업 자료를 보여주며 수업을 진행한다. PC 전체화면이나 원하는 화면을 선택해서 공유할 수 있다.

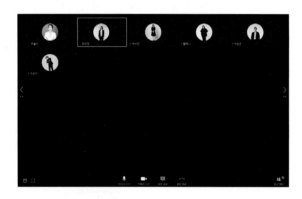

02 카카오톡 라이브톡 방송하기

실시간 Live 방송이 인기인 요즘 카카오톡의 기능인 '라이브톡'으로도 가능하다. 그룹 채팅방에서 한 사람이 라이브톡을 시작하면 다른 사람들은 그 영상을 보며 채팅할 수 있는 기능이다. 가족이나 친구, 소규모 스터디 그룹 등으로 구성된 그룹 채팅방에서 개인 방송을 할 수 있는 기능이라고 할 수 있다.

1 카카오톡 프로그램 다운로드

카카오톡 라이브 방송을 하기 위해서는 PC에 카카오톡을 설치한다.

01 먼저 카카오톡에 접속한다. → https://www.kakaocorp.com

02 카카오톡 메인화면의 우측 상단 다운로드를 클릭하여 PC 버전의 다운로드를 선택한다.

03 다운로드 후 파일을 실행하면 컴퓨터에 바로 설치가 진행된다.

2 카카오톡 그룹 채팅방 만들기

01 설치가 완료되면 바로 카카오톡 프로그램이 실행되며, 이미 아이디가 있는 경우 [로그인] 버튼을 클릭하여 바로 접속한다.

02 카카오톡 라이브톡을 위해 수업 참가자들을 초대한 그룹 채팅방을 생성한다. 이때 라이브톡은 3명 이상 10명 이하의 그룹 채팅방에서만 사용할 수 있다.

3 카카오톡 라이브톡 방송하기

01 하단의 라이브톡 아이콘을 클릭한다.

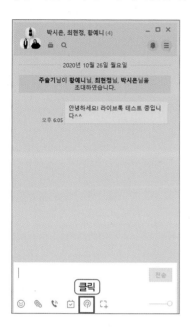

02 라이브톡 아이콘을 클릭하면 라이브톡 시작 전 PC와 연결된 카메라를 설정하여 보여주고 싶은 화면을 확인한 후 [완료] 버튼을 클릭한다.

03 카메라 설정이 완료되었다면 [라이브톡 시작] 버튼을 클릭하여 실시간 방송을 시작한다.

04 라이브톡을 시작하면 그룹 채팅방 상단에 라이브톡 참여하기 안내 메시지와 채팅방에 말풍선으로 라이브톡 시작을 클릭하여 참여할 수 있다.

05 채팅창에 메시지를 입력하여 방송 중에 시청자들과 실시간 대화를 나눌 수 있다.

06 우측 상단에 시청자 수 표시 아이콘으로 시청자 수를 확인할 수 있다.

07 하단에는 [마이크 끄기]와 [카메라 끄기] 설정 버튼이 있어 라이브톡 방송 중 마이크와 카메라를 끌 수 있다.

08 우측 하단 [종료] 버튼을 눌러 라이브톡을 종료한다. 라이브톡으로 방송한 내용은 녹화나 저장되지 않으며, 한 사람이 먼저 라이브톡을 하는 도중, 다른 사람이 같이 하려고 하면 '라이브톡 참여 중에 다른 라이브톡을 시작할 수 없습니다' 혹은 '라이브톡이 이미 진행 중입니다'라는 안내 문구가 나온다.

4 카카오톡 라이브톡 활용 및 특장점

카카오톡의 라이브톡은 그룹 채팅방에 참여 중인 사람들끼리 라이브 영상을 보면서 채팅을 이어 나갈 수 있는 서비스이다. 인스타그램, 페이스북 같은 다른 SNS에서 제공하는 라이브 기능과는 달리 그룹 채팅방에 참여 중인 상태에서만 사용할 수 있다. 그룹 채팅방 내에서 한 명이 라이브 영상을 시작하면 나머지 인원이 그 영상을 보는 방식이기 때문에 유튜브, 인스타그램과 같은 개인 방송의 성격을 띤다. 따라서 과외 등 개인 수업을 대체하기에도 적합하다.

Tip! 온라인 강의 시 쉬운 출석체크와 편리한 학습관리

온라인 수업을 위해 선생님과 학생 모두 카카오톡만으로 편리하게 수업에 참여할 수 있다. 톡 게시판에 이미지, 동영상, 문서 첨부, 투표 기능을 이용해 학습과 과제를 인내할 수 있으며, 과제 제출 및 라이브톡으로 온라인 수업 중 궁금했던 질문들은 수업이 끝난 후 게시판이나 댓글, 혹은 1:1 채팅을 활용할 수 있으며, 투표 기능을 이용하여 몇 명이 출석했는지 확인하기가 수월하다. 또한 톡 캘린더를 이용하여 온라인 강의 일정 및 과제 제출 등 주요 일정을 공유하여 보다 편리하게 학습을 관리할 수 있다.

1. 출석 체크하는 방법

❶ 채팅방 우측 메뉴를 클릭한다.

❷ 톡게시판에서 투표를 클릭한다.

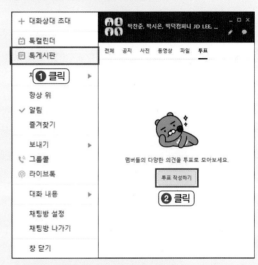

※ 투표 마감 시간을 설정하여 정해진 시간 내에만 참여 가능하며 지각생을 확인할 수 있다.

2. 주요 일정 공유

❶ 채팅방 하단 톡캘린더 아이콘을 클릭한다.

❷ 일정을 입력한다.

※ 일정 알림 시간을 설
정하면 일정 시작 전
에 알림을 받을 수
있다.

PART

06

온라인
퍼실리테이션
도구의 이해

온라인 퍼실리테이션, 듣기만 해도 어려운 이 단어는 과연 어떤 의미인가? 우선 온라인의 의미는 모르지 않을 것이고 퍼실리테이션 단어를 사전적 의미로 해석하면 '용이하게 함', '편리하게 함' 정도로 나타낼 수 있겠다. 그렇다면 온라인 퍼실리테이션의 의미가 이전보다 조금 더 쉽게 해석될 것이다. 온라인에서 무언가를 편리하게 해주는 것, 즉 교육 시장에서의 '온라인 퍼실리테이션'이란 '온라인 교육을 하는 데 있어 강사와 수강생에게 조금 더 편리함을 제공하는 것' 정도로 정리하겠다.

이미 앞에서 꽤 많은 온라인 화상회의 및 교육 프로그램을 소개하였다. 소개한 프로그램 중 하나 이상의 사용법 및 활용법을 제대로 익히고, 조금 더 내 강의를 돋보이게 해줄 도구를 찾고 있다면 이번 파트를 주목해보자. 나아가 패들렛, 슬라이도, 잼보드, 멘티미터, 뮤랄, 알로 프로그램 이름을 하나 또는 두 개 이상 들어보았다면 이미 온라인 교육 툴에 상당한 관심과 지식이 있는 정도일 것이고, 혹 프로그램 모두 다 처음 들어보고 접한다면 지금부터 책에서 소개하는 매뉴얼에 따라 하나씩 익혀 나가면 문제될 것 없다.

줌, 구루미, MS팀즈, 구글MEET와 생중계 Live 플랫폼을 공부하며 어떤 점을 느꼈는가? 아마 저자도 그랬듯 처음 접할 때에는 너무나도 복잡해 보이고 어려웠지만, 프로그램 하나를 익히면 그 다음 프로그램이 비슷한 성격을 가지고 있다는 것을 느꼈을 것이다. 온라인 퍼실리테이션 도구들도 마찬가지이다. 용어의 생소함으로 인해 새로운 지식을 배우기도 전에 겁먹지 말고 부딪혀보는 마음가짐이 가장 중요하다. 누구에게나 시작은 반드시 존재한다. 그러나 이 '낯섦'을 '익숙함'으로 바꿀 수 있는 것은 '나' 자신뿐임을 잊지 말자.

Chapter
02 패들렛 / 슬라이도 소개 및 특장점

온라인 강의를 해본 강사들이라면 '소통의 한계'를 공감할 것이다. 온라인이라는 특성상 강사를 제외한 전체 수강생들은 음소거 설정 후 수업을 들어야 하는데, 그러다 보니 질문 시 답변을 채팅창으로 하는 등 한계가 있어 많은 강사들이 온라인 강의에 피로감과 더불어 두려움을 많이 느낄 것이다. 하지만 패들렛과 슬라이도, 이 두 개의 도구를 알아두고 강의 시 이용한다면 교육생의 참여를 극대화시킬 수 있어 많은 도움이 될 것이라 생각된다.

첫 번째로 패들렛은 "커다란 온라인 칠판"이라고 불리며, 하나의 칠판에 많은 사람들이 동시에 들어와 포스트잇을 붙이며 질문에 대한 답변, 아이디어 공유 등 함께 수업에 참여하도록 유도해줄 수 있는 도구이다.

마치 SNS에서 반응과 댓글 등으로 소통하듯이 사용 가능하여 익숙한 UI 덕에 조금 더 친숙히 다가온다는 점과, 구글에서 만든 도구여서 구글 계정만 있으면 별도로 회원가입 없이 누구나 사용 가능하다는 점이 장점이다.

두 번째로 슬라이도는 수강생들과 원활하게 소통할 수 있도록 상호작용을 돕는 도구이며, 강의 시 수강생들의 질문을 받고, 익명으로 설문조사, 퀴즈, 투표 등의 도구를 사용할 수 있어 오프라인과는 다른 온라인 교육에서의 소통의 한계를 해소해줄 수 있는 도구이다. 패들렛과 마찬가지로 구글 계정만 있으면 회원가입이 가능하며, 별도 프로그램 설치 없이 사용 가능하다. 그럼 지금부터 스마트한 두 가지 퍼실리테이션 도구를 알아보도록 하자.

1 회원가입 및 로그인하기

01 검색엔진에서 패들렛을 검색 후 사이트에 접속한다. → https://padlet.com/

02 가입을 위해 화면 중앙에 위치한 [가입하기] 버튼을 클릭한다.

03 가입하기 창에서 구글 아이디 또는 다른 계정을 이용하여 가입을 진행한다. 모두 없을 경우 별도로 가입을 진행한다.

2 패들렛 만들기

01 가입 후 로그인을 진행하면 아래와 같은 화면이 나오는데 좌측 상단에 위치한 [PADLET 만들기]를 클릭한다.

02 PADLET 만들기를 선택하면 다음과 같은 화면이 나오며, 각 기능별 설명은 2. 패들렛 살펴보기에서 살펴보도록 하자.

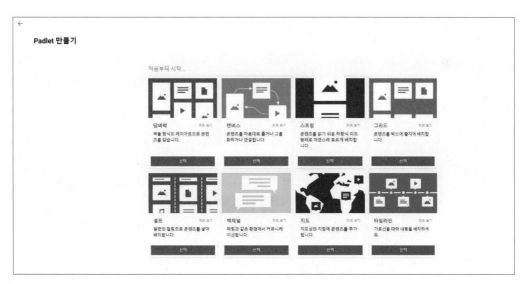

무료요금제 이용 시 한 계정당 최대 5개까지의 패들렛 생성만 가능하므로 참고하여 사용하도록 한다.

3 참여하기

01 수강생 입장으로 참여하고자 하는 경우 좌측 상단 가운데에 위치한 [PADLET에 합류하기]
버튼을 클릭한다.

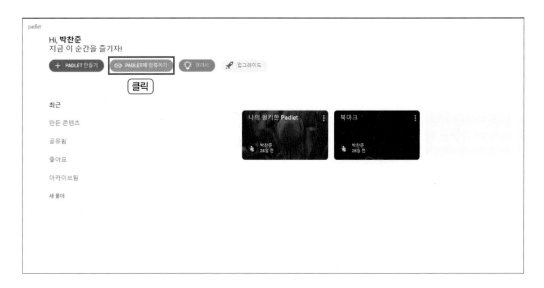

02 강사로부터 받은 초대 URL를 붙여넣기하여 패들렛에 참여한다.

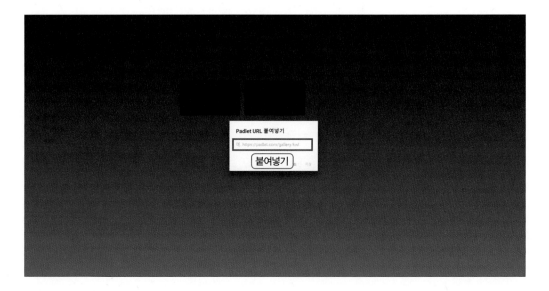

02 | 패들렛 살펴보기

1 패들렛 유형

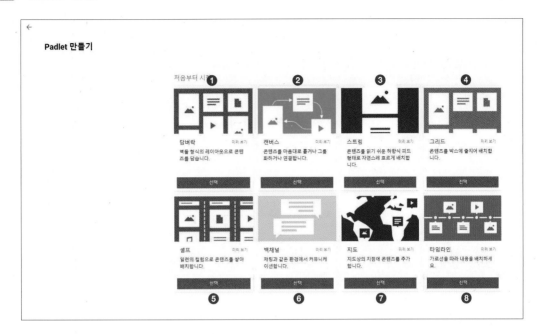

❶ **담벼락 :** 게시글이 빈 공간 없이 붙는 형태이며 비어있는 곳에 짧은 게시물이 알아서 붙는다.

❷ **캔버스 :** 레이아웃이 없으며, 말 그대로 캔버스처럼 붙이고 싶은 곳에 콘텐츠를 붙일 수 있다.

❸ **스트림 :** 게시물이 위 또는 아래로 붙는 형태이며 인스타그램, 페이스북 사용법과 UI가 유사하다. 좋아요, 댓글 기능을 설정하면 SNS와 같은 느낌이 난다.

❹ **그리드 :** 담벼락과 비슷하며, 해당 줄에서 가장 긴 게시물에 맞춰 다음 줄이 만들어진다.

❺ **셀프 :** 주제를 정하고 각 주제에 맞게 아래로 콘텐츠를 추가할 수 있다.

❻ **백채널 :** 카카오톡 오픈 채팅방과 유사하며, 채팅 형식으로 대화창과 같은 게시글이 만들어진다.

❼ **지도 :** 세계지도에 내 게시물을 추가할 수 있으며, 검색 기능을 통해 주소를 세세하게 찍을 수 있다.

❽ **타임라인 :** 가로의 선을 따라 시간 순서대로 게시물을 배치 가능하며 연혁, 연표처럼 배치할 수 있다.

② 패들렛 사용법

01 패들렛은 만든 후 우측 하단의 [+] 버튼 또는 화면의 빈 곳을 더블클릭해서 게시물을 추가할 수 있다.

02 게시글을 작성할 때 글뿐만 아니라 아래와 같은 다양한 자료들을 함께 추가할 수 있다. 무료 계정에서는 게시글 하나당 파일 용량 제한이 10MB이며, 프로 계정은 게시글 하나당 250MB이다.

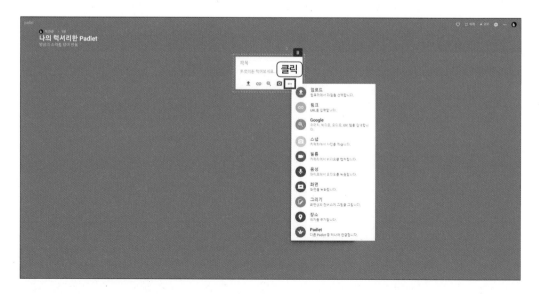

3 패들렛 설정

01 패들렛을 만들게 되면 우측에 다음과 같이 수정이라는 메뉴가 표시된다.

02 사용 중에는 우측 상단에 톱니바퀴 아이콘을 클릭하면 위 메뉴가 나오게 된다.

03 제목과 설명은 나의 강의 주제와 내용에 맞게 수정하면 되며, 아이콘 아래에 위치한 주소부터 하나씩 살펴보도록 하자.

❶ **주소 :** 패들렛 URL 링크를 변경하는 메뉴이다. 패들렛 링크는 임의로 영어와 숫자로 길게 나오는데, 내 수업과 관련된 이름으로 주소를 변경해주면 정돈된 느낌을 줄 수 있다. 예를 들어, 사진수업이라면 'photo', 토론수업이라면 'debate'로 한다.

❷ **저작자 표시 :** 수강생들이 게시물을 올릴 때 그 게시물의 작성자 이름이 나오도록 하는 메뉴이며, 익명 처리하고자 하는 경우 저작자 표시를 비활성화하면 된다.

❸ **새 게시물 위치 :** 게시물을 작성할 때 가장 최신의 게시글이 어디에 위치하도록 할 것인지 설정하는 메뉴이며, 처음 또는 마지막에 오도록 설정 가능하다.

❹ **댓글 :** 수강생들과 댓글로 상호작용을 하도록 해주는 기능이다. 활성화하면 댓글 추가 창이 나오게 된다.

❺ **반응 :** 반응은 댓글이 아닌 아이콘, 별점, 등급으로 상호작용을 하도록 해주는 기능이다.

❻ **콘텐츠 필터링 :** 수강생들이 작성한 게시물이 다른 수강생에게 바로 공개되지 않고 강사의 승인을 거쳐야 공개되도록 해주는 기능이다.

승인 필요를 선택하면 수강생이 게시물을 작성한 경우 '승인대기'라는 메시지가 나온다. 강사는 승인대기 중인 게시물 내용을 확인하고 삭제 또는 승인을 할 수 있다.

비속어 필터링은 말 그대로 욕설 또는 나쁜 말을 걸러주는 기능이지만 한글은 지원하지 않는다.

4 공유하기

01 패들렛 메뉴 중 우측 상단에 [공유] 버튼을 클릭한다.

02 공유할 수 있는 다양한 메뉴들이 나오며 클립보드(링크) 또는 QR코드를 보내어 수강생들이 참여할 수 있도록 한다.

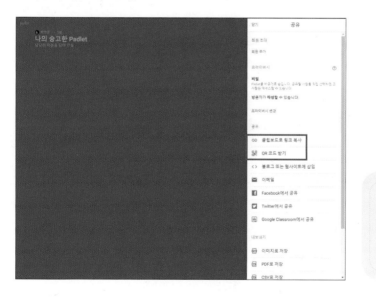

> **Tip!**
>
> 패들렛을 이미지로 저장하고 싶은 경우 '이미지로 저장'을 클릭하면 패들렛이 JPG로 저장된다.

03 ┃ 슬라이도 시작하기

1 회원가입 및 로그인하기

01 검색엔진에서 슬라이도를 검색 후 사이트에 접속한다. → https://www.sli.do/

02 회원가입을 위해 [Sign Up]을 클릭한다.

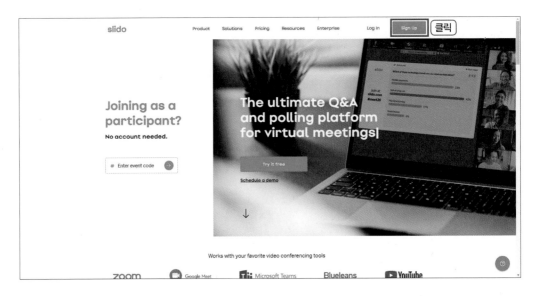

03 우측 하단에 위치한 버튼으로 구글 계정으로 가입을 진행하거나 없을 경우 양식에 맞춰 가입을 진행한다.

2 질문방 만들기

01 로그인 후 다음 화면 중 [Create Event] 버튼을 클릭한다.

02 질문에 대한 내용과 응답기간을 설정 후 [Create Event] 버튼을 클릭하여 질문방을 생성한다.

3 초대 및 참여하기

01 질문방을 만들고 나면 다음과 같은 화면이 나오는데, 우측 상단 Share에 커서를 올리면 링크와 QR코드 전달 두 가지의 초대 방법이 나오며 선택하여 초대하도록 한다.

04 슬라이도 살펴보기

질문방을 만든 후 총 5가지 기능을 사용하여 질문을 유도할 수 있는데 자세하게 살펴보도록 하자.

1 객관식

Multiple Choice에서는 질문에 대한 제목을 적고 항목을 나열하여 객관식 형태로 질문을 작성할 수 있다.

2 단답식

Word cloud는 단답식으로, 체크 항목이 3가지 나오는데 차례대로 여러 번 대답 가능 / 비속어 필터링 / 25자 이내이다.

3 퀴즈

퀴즈 기능을 이용하여 간단한 OX퀴즈 등 강의 중간 이벤트를 진행할 수 있다.

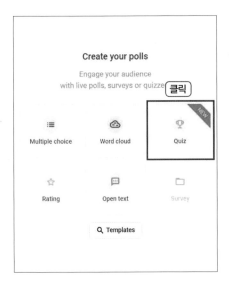

4 만족도 조사

Rating에서는 별점을 이용하여 강의 만족도 조사도 가능하다.

5 자유로운 의견

마지막으로 Open text는 질문을 작성하여 질문에 대한 자유로운 의견을 나눌 수 있도록 제공하는 기능이다.

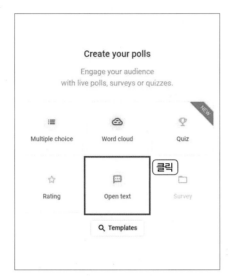

무료 버전은 한 번에 총 3개의 질문까지만 만들 수 있으며, 3개 이상의 질문을 사용하고자 하는 경우 사용한 질문을 삭제 후 새로 만들어 사용 가능하다.

Chapter 03 · 멘티미터 소개 및 특장점

1 멘티미터 접속 후 가입하기

멘티미터는 진행자와 참가자가 상호작용을 할 수 있는 사이트이다. 멘티미터는 별도의 다운로드 없이 웹브라우저를 통해 사용하는 프로그램으로 PC에서도, 모바일에서도 사용 가능하다. 실시간으로 참가자들의 이해도를 체크하거나 참가자들의 의견을 조합하기 수월하며, 퀴즈 툴을 이용하여 지루하지 않은 진행에 도움을 줄 수 있다. 회원가입 후 무료로 이용할 경우 슬라이드 개수에 제한이 있는데, 설문 유형은 2장의 슬라이드 유형부터 6장의 슬라이드까지 사용 가능하다.

01 웹브라우저를 통해 멘티미터 사이트(mentimeter.com)에 접속한다.

02 사이트 접속 후 중앙 또는 우측 상단의 [Sign up] 버튼을 클릭하여 회원가입을 한다. 만약 가입되어 있다면 우측 상단 [로그인] 버튼을 클릭하여 로그인한다.

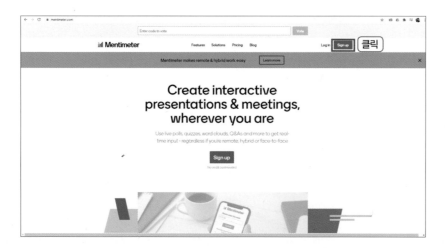

03 페이스북이나 구글의 계정을 통한 가입이 가능하며 페이스북이나 구글 계정이 없다면 다른 이메일을 통해 회원가입이 가능하다. 회원 가입 방법은 생략한다.

04 가입을 하게 되면 멘티미터의 용도를 묻는 질문이 나오는데, 용도 체크 후 [Get Started]를 클릭해도 되고, 설문을 원치 않는다면 우측 상단 모서리의 [Skip]을 클릭한다.

05 무료로 가입을 계속 진행한다면 [Continue with free]를 클릭하고, 유료로 가입을 하려면 원하는 유형의 버튼을 클릭한다.

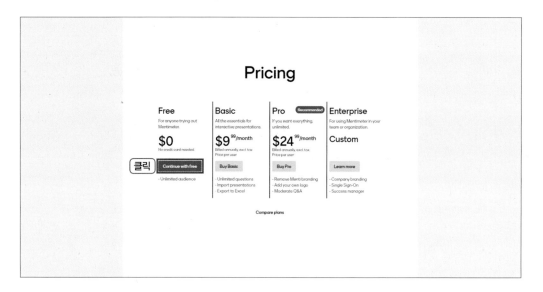

06 가입이 완료되면 새프레젠테이션을 만들 수 있는 창이 나온다. 새 프레젠테이션을 시작하기 전 로그인한 계정의 내 프로필을 입력하기 위해 우측 상단의 Upgrade 버튼 옆의 원 버튼을 클릭한다.

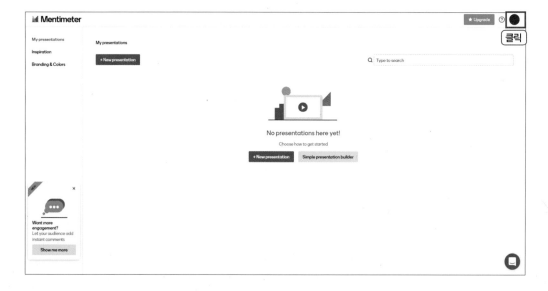

ㄱ Settings을 통해 계정의 정보를 입력하거나 변경할 수 있다.

– [Name]을 클릭하고 이름을 입력한 후 [Save name]을 눌러 이름을 입력 및 변경한다.

– 페이스북과 구글로 로그인을 한 경우엔 불필요하며 이메일을 통한 가입 시 이메일 및 암호 변경이 가능하다.

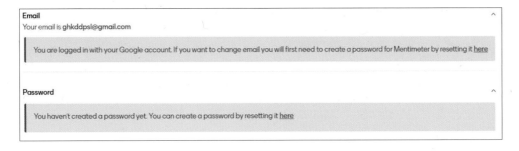

– 프레젠테이션 후 결과가 포함된 이메일을 받을 것인지 설정할 수 있다.

– 멘티미터를 접속했던 모든 기기에서 로그아웃된다.

– 계정이 영구적으로 삭제된다.

└ Subscription을 통해 업그레이드가 가능하다.

2 새프레젠테이션 만들기

01 좌측에 위치한 [My presentations]를 선택한 후 중앙에 위치한 [New presentation]을 클릭하여 새 프리젠테이션을 만들어준다.

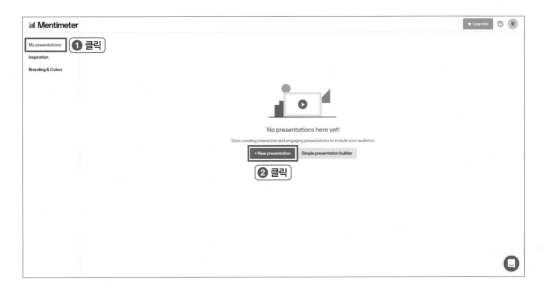

첫 프레젠테이션 이후부터는 나의 프레젠테이션 목록들이 나오며, [New presentation] 버튼을 클릭하고 프레젠테이션의 이름을 입력한 후 [Create presentation]을 클릭하여 시작한다.

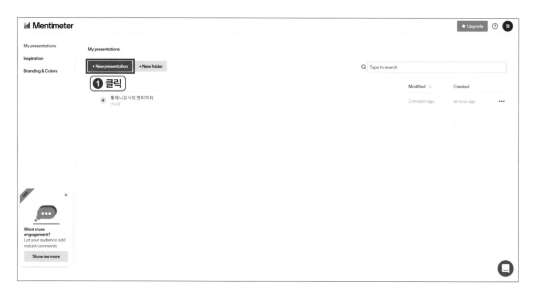

02 좌측 상단 모서리에 있는 멘티미터 로고 옆에 위치한 프레젠테이션의 타이틀을 눌러 타이틀을 변경할 수 있다.

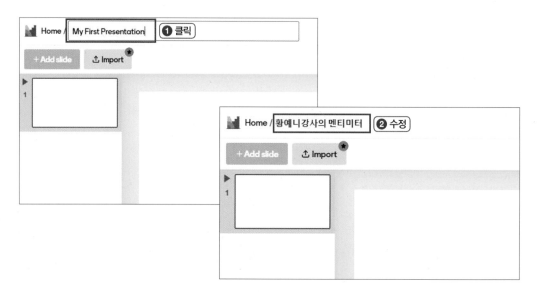

03 슬라이드에 마우스 커서를 가져가면 슬라이드 페이지를 나타내는 숫자 밑에 점 세 개 버튼이 나오며 클릭하면 복제 및 다른프레젠테이션으로 복제가 가능하다.

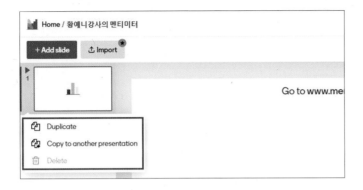

04 Add slide를 통해 새로운 슬라이드를 추가할 수 있다.

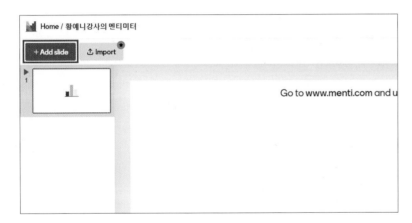

05 좌측 하단 [Your presentations] 버튼을 클릭하면 작업 중이던 프레젠테이션 페이지에서 나가게 되며 기존에 작업했던 프레젠테이션들이 보인다.

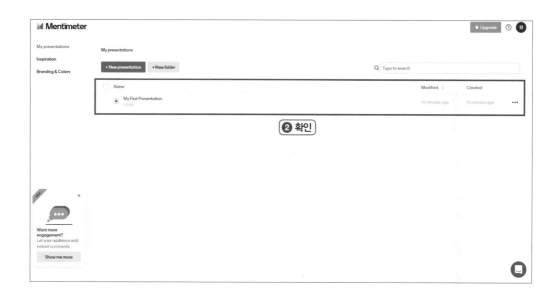

06 작업했던 프레젠테이션의 우측 점 세 개 버튼을 클릭하면 굳이 프로젝트에 들어가지 않아도 내보내기 또는 복제 공유 등의 원하는 기능을 사용할 수 있다.

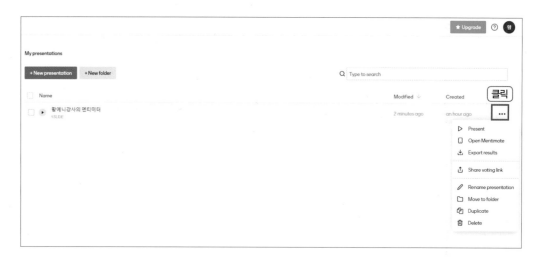

07 우측 상단 theme를 이용하여 다양한 테마 중 프레젠테이션에 맞는 테마를 선택할 수 있다.

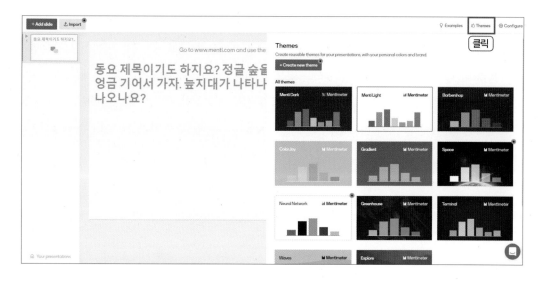

08 configure를 통해 프레젠테이션의 전반적인 구성이나 언어를 제어할 수 있으나 아직 한국어는 지원되지 않는다.

※ 한국어로 사용하길 원한다면 크롬 웹브라우저를 이용하여 멘티미터에 접속 후 마우스 오른쪽 버튼을 클릭하여 한국어 번역 기능을 이용할 수 있다.

PART 06

온라인 파실리테이션 도구의 이해

3 유형별 문제 만들기

멘티미터의 무료 사용자는 설문 유형을 이용하면 2장의 슬라이드를 이용할 수 있다. 여러 설문을 사용하고자 한다면 유료로 업그레이드를 하거나 새로운 프레젠테이션을 만들어 사용하면 된다. type의 'Question types'에서 원하는 유형의 버튼을 눌러 유형을 정한 후 문제를 만들 수 있으며, 결과를 보여주는 유형만 다를 뿐 진행자가 질문을 하고 참가자가 대답을 하는 형식과 질문을 만드는 방법은 거의 동일하므로 다수가 자주 사용하는 유형 세 가지만 선보이도록 하겠다.

01 [Multiple Choice] 버튼을 클릭한다.

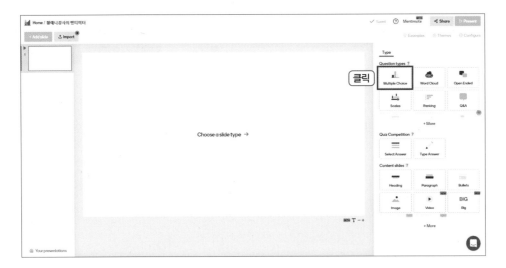

ㄱ 'Content'를 클릭하면 질문과 옵션을 쓸 수 있는 창이 나온다.

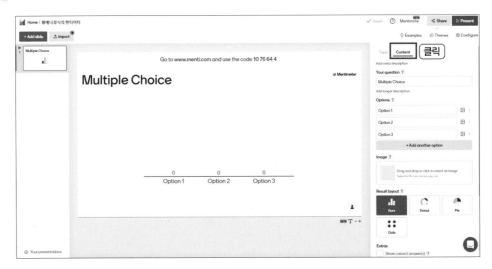

ㄴ 'Your question' 밑의 네모 칸에 질문을 입력한다.

- Options 밑의 네모 칸에 옵션을 클릭한다. 옵션 개수를 늘리고 싶다면 '+Add another option'을 통해 개수를 늘려준다.

※ +Add another option 시 최대 30개의 옵션 추가가 가능하지만 Result layout의 유형에 따라 12개로 제한된다.

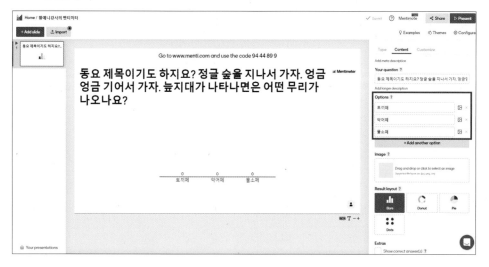

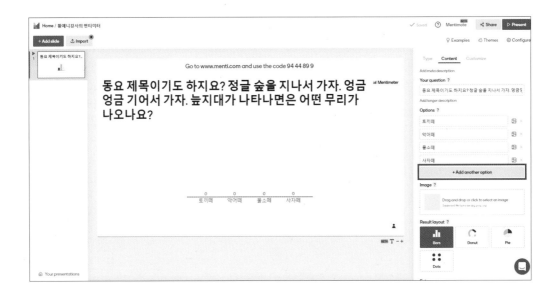

– 옵션 입력란 앞에 마우스 커서를 가져가면 여섯 개의 점이 나오는데, 드래그 앤 드롭하여 순서 변경이 가능하다.

– 옵션이 텍스트가 아닌 이미지 삽입도 가능하다.

– PC에 가지고 있는 이미지를 드래그 앤 드롭을 통해 불러오거나 'click here'를 눌러 이미지를 불러올 수 있다.

– 불러온 이미지의 모서리를 누른 상태에서 움직이며 원하는 크기로 조절할 수 있다.

– Image library를 통해 이미지 웹사이트인 언스플래시 사이트에서 저작권이 없는 이미지를 검색하여 저장 없이 바로 사용이 가능하다. 이미지 크기를 조절하는 방법은 위와 동일하다.

– 멘티미터에서 제공하는 gif 파일도 가능하다. 크기 조절은 위와 동일하다.

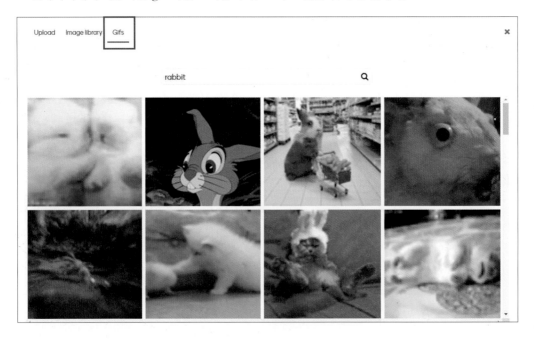

– 옵션에 이미지를 추가하면 이러하다.

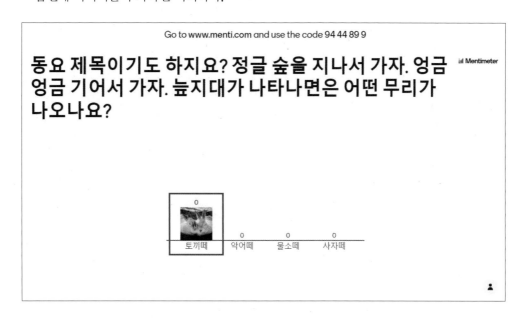

ㄷ 질문 밑에 이미지 삽입이 가능하다.

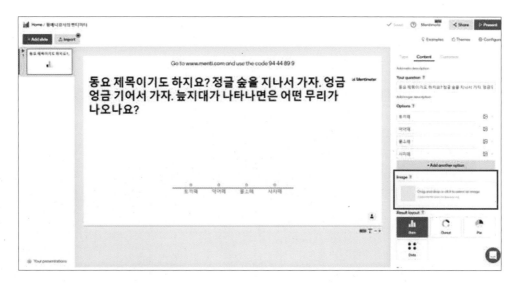

– PC에 가지고 있는 이미지를 드래그 앤 드롭을 통해 불러오거나 'click here'를 눌러 이미지를 불러올 수 있다.

– 삽입하고자 하는 이미지의 크기 조절이 가능하다. 'Perfect'로 비율을 선택한 후 모서리를 잡고 크기를 조절한다.

– Free-from은 특정 비율 없이 사용자가 임의로 비율을 만질 수 있으며 모서리를 잡고 크기를 조절한다.

– Square로 비율을 선택한 후 모서리를 잡고 크기를 조절한다.

– Image library를 통해 이미지 웹사이트인 언스플래시 사이트에서 저작권이 없는 이미지를 검색하여 저장 없이 바로 사용이 가능하다. 이미지 크기를 조절하는 방법은 위와 동일하다.

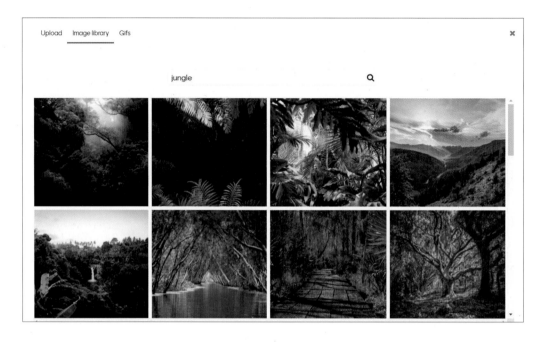

– 멘티미터에서 제공하는 gif 파일도 가능하다. 크기 조절은 위와 동일하다.

– 이미지를 추가하면 결과 레이아웃 자리에 이미지가 삽입된다.

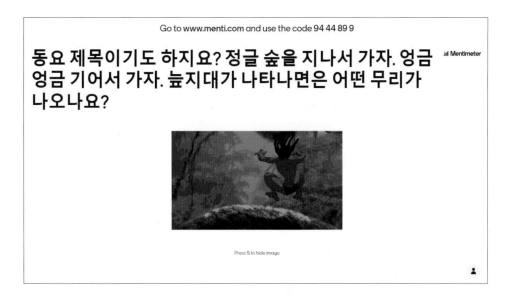

– 이미지를 편집하고 싶다면 [Edit]를 클릭하고 제거하고 싶다면 [Remove]를 클릭한다.

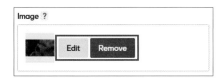

ㄹ 참가자가 선택한 결과를 확인할 수 레이아웃의 유형을 선택할 수 있다.

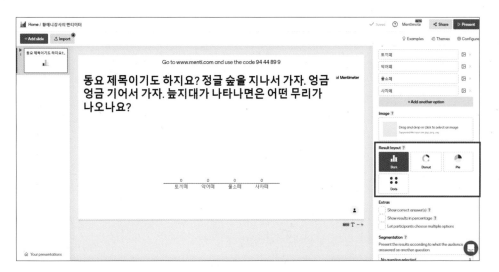

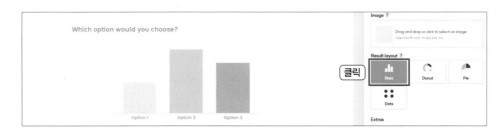

□ 필요에 의해 기타 옵션을 추가로 선택할 수 있으며, 기타 옵션 내용은 위부터 차례대로 질문의 옵션 선택 후 참가자에게 정답을 보여주는 것과 결과 백분율을 보여주기, 그리고 한 참가자가 여러 옵션을 선택하도록 허용하는 것이 있다.

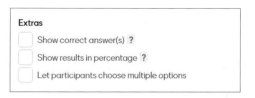

02 [Word Cloud] 버튼을 클릭한다.

ㄱ your question 밑의 네모 칸에 질문을 입력한다.

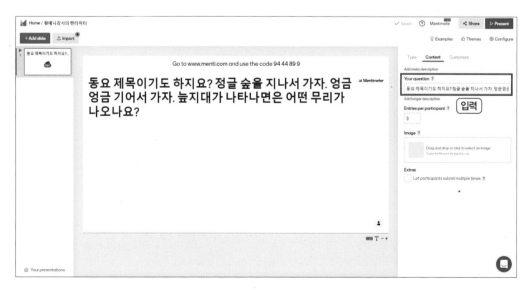

ㄴ 참가자가 기록하여 제출할 있는 개수를 지정해준다.

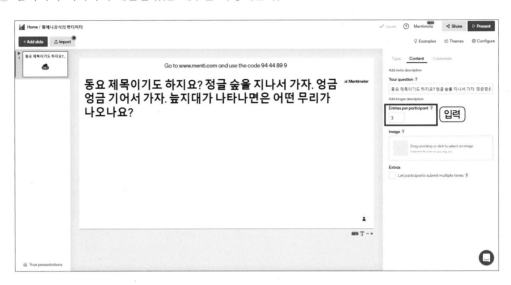

ㄷ 질문 밑에 이미지 삽입이 가능하다. 기능의 사용 방법은 위와 동일하다.

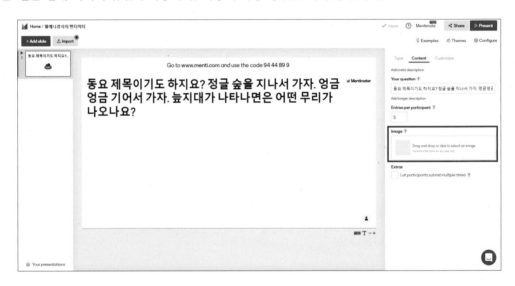

ㄹ 기타 옵션을 통해 참가자가 여러 번 제출하도록 허용할 수 있다.

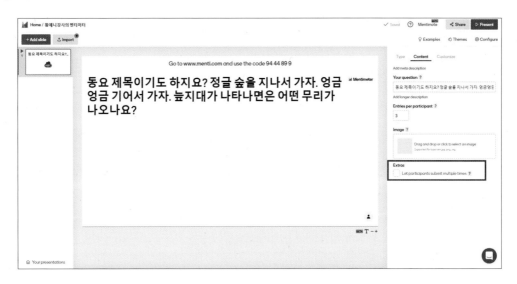

ㅁ 참가자가 대답한 단어들이 표시되며, 답으로 많이 중복된 단어는 단어의 크기가 더 크다.

03 [Open Ended] 버튼을 클릭한다.

ㄱ your question 밑의 네모 칸에 질문을 입력한다.

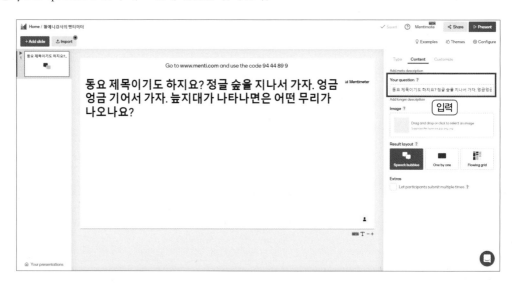

ㄴ 질문 밑에 이미지 삽입이 가능하다. 기능의 사용 방법은 위와 동일하다.

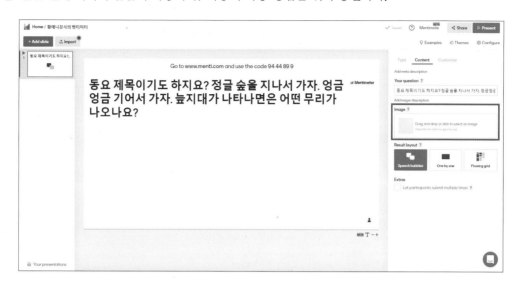

ㄷ 참가자가 대답한 결과를 볼 수 레이아웃의 유형을 선택할 수 있다.

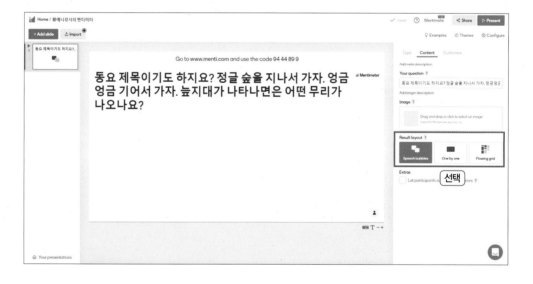

ㄹ 기타 옵션을 통해 참가자가 여러 번 제출하도록 허용할 수 있다.

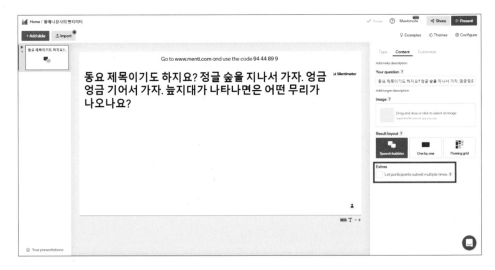

04 customize에서 슬라이드 세팅이 가능하다.

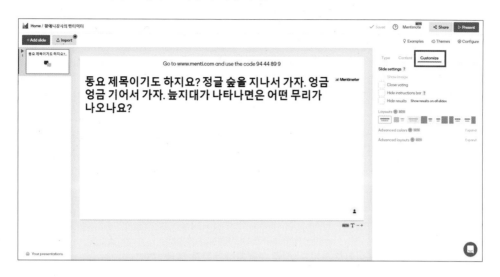

ㄱ 'Close voting'을 체크하면 설문이 종료된다.

ㄴ 'Hide instructions bar'는 사이트와 코드번호가 적힌 안내 표시줄을 숨길 수 있다.

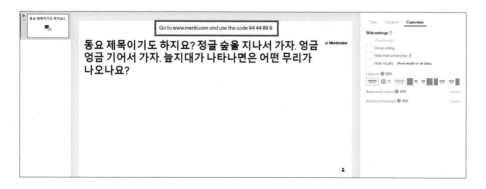

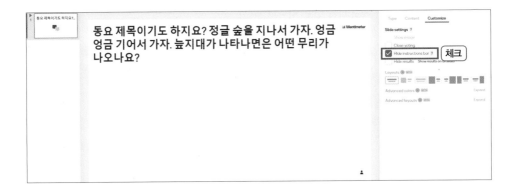

ㄷ 모든 슬라이드엔 결과가 표시되지만 'Hide results'에 체크하면 결과를 숨길 수 있다.

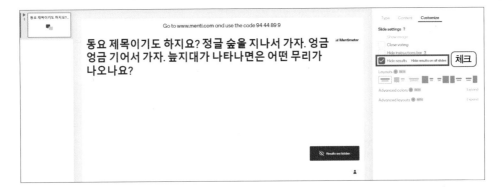

05 [Share]를 클릭하면 진행자가 만든 프레젠테이션을 참가자가 참여할 수 있도록 진행자가 만든 프레젠테이션으로 초대한다.

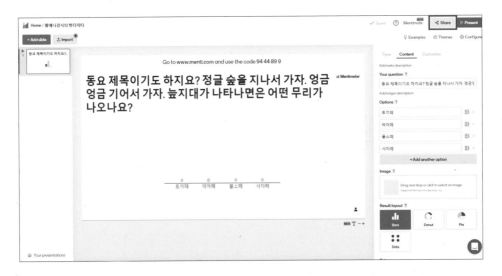

ㄱ 프레젠테이션 코드 입력을 통해 참여가 가능하다.

ㄴ 링크를 통해 참여가 가능하다.

ㄷ QR코드를 통해 참여가 가능하다.

> Tip!
>
> 멘티미터는 비대면 강의에 교육 참여용으로 유용하게 쓰이며, 대면 강의 시에도 QR코드를 이용하면 스마트폰을 이용해 풍성한 강의가 가능해지며 수강생들의 만족도가 높아진다.

4 퀴즈쇼 만들기

type의 'Quiz Competition'을 통해 진행자는 퀴즈를 만들어 참가자의 흥미를 유도하고 프레젠테이션에 집중시킬 수 있다. select answer는 객관식 퀴즈, type answer는 주관식 퀴즈로 무료 사용자는 이용 시 6장의 슬라이드 사용이 가능하며 2000명까지 참여가 가능하다.

01 [Select Answer] 버튼을 클릭한다.

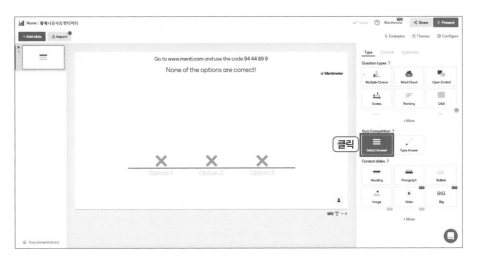

ㄱ 'content'에는 질문과 옵션을 쓸 수 있는 창이 나온다.

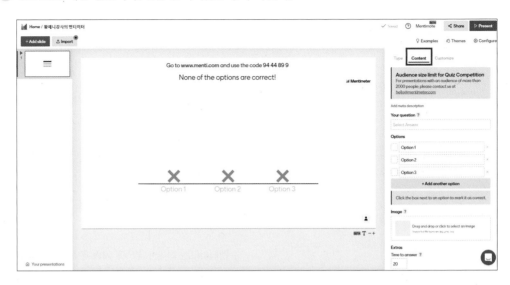

ㄴ 'Your question' 밑의 네모 칸에 질문을 입력한다.

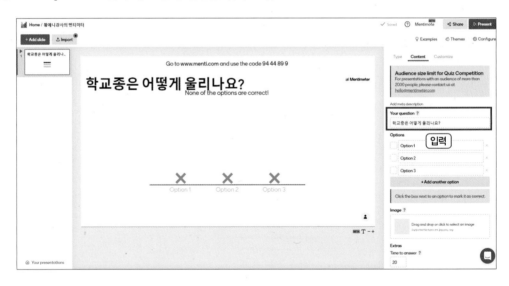

ㄷ options 밑의 네모 칸에 옵션을 클릭한다. 옵션 개수를 늘리고 싶다면 '+Add another option'을 통해 개수를 늘려준다.

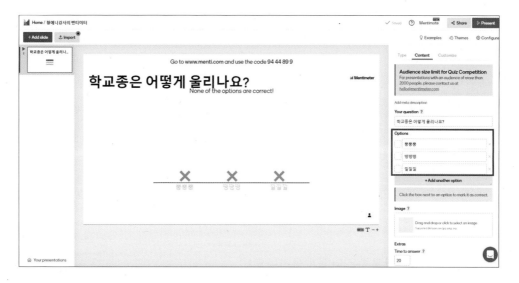

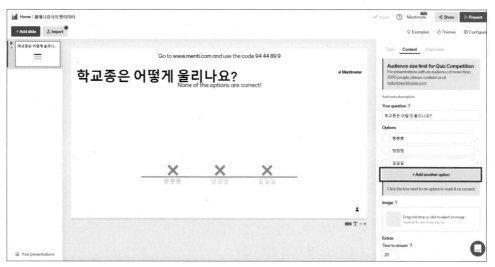

※ 객관식 퀴즈의 옵션은 6개까지 가능하다.

ㄹ 옵션 입력란 앞에 마우스 커서를 가져가면 여섯 개의 점이 나오는데 드래그 앤 드롭을 하여 순서 변경이 가능하다.

ㅁ 정답에 체크한다.

※ 옵션 모두 정답으로 체크할 수 있다.

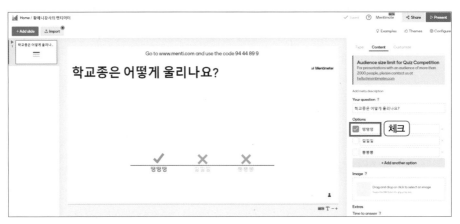

ㅂ 질문 밑에 이미지 삽입이 가능하다. 기능의 사용 방법은 위와 동일하다.

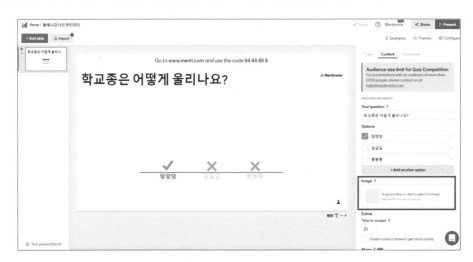

人 'Time to answer'를 통해 대답할 수 있는 초 단위로 시간을 제한하고, 'Faster correct answers get more points'를 체크하면 먼저 빠르게 대답한 참여자에게 점수를 조금 더 줄 수 있다.

※ Time to answer를 이용하여 게임하듯 진행하면 참여율과 집중도를 높여주어 만족도가 높아진다.

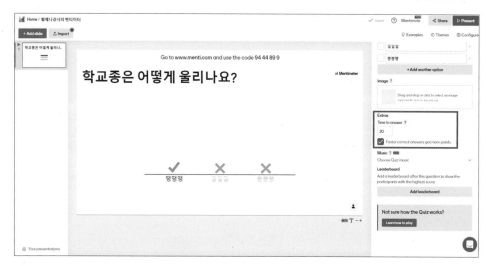

○ 'Music'을 클릭하면 퀴즈를 푸는 시간 동안 음악을 설정할 수 있다.

Leaderboard의 [Add leaderboard] 버튼을 클릭하면 리더보드가 생성되며 가장 점수가 높은 참가자를 확인할 수 있다.

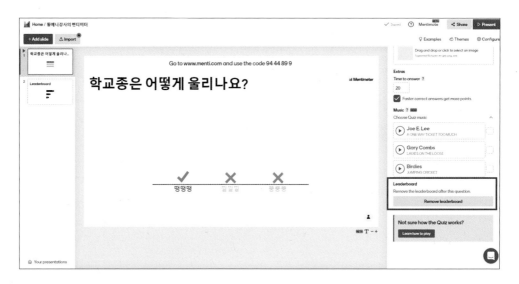

02 [Type Answer] 버튼을 클릭한다.

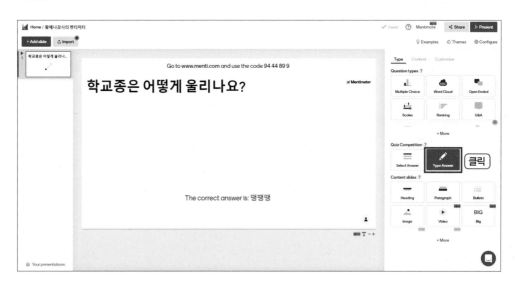

ㄱ 'content'에 질문과 옵션을 쓸 수 있는 창이 나온다.

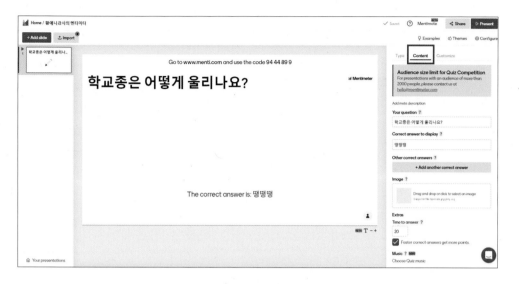

ㄴ 'Your question' 밑의 네모 칸에 질문을 입력한다.

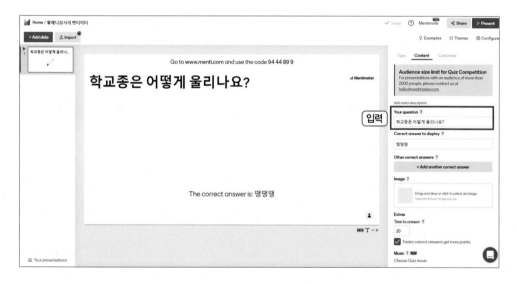

ㄷ 질문에 대한 답을 적어준다.

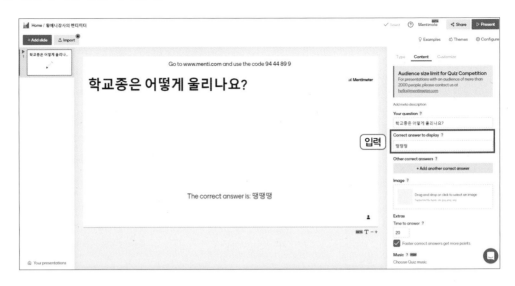

ㄹ 주관식 질문이므로 추가적으로 나올만한 답들을 [+Add another correct answer]를 눌러 작성한다.

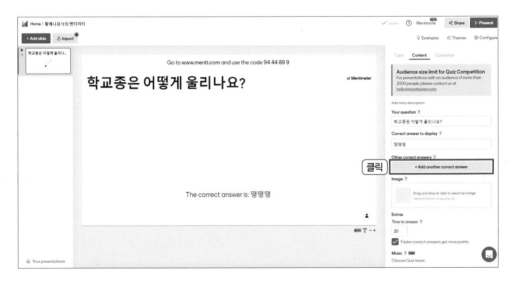

ㅁ 질문 밑에 이미지 삽입이 가능하다. 기능의 사용 방법은 위와 동일하다.

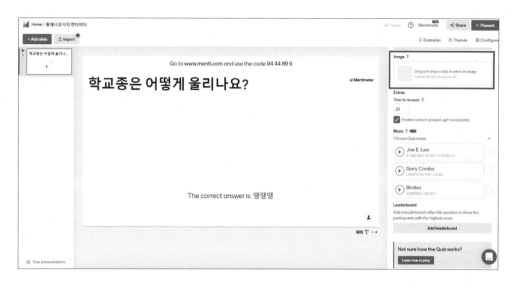

ㅂ Time to answer를 통해 대답할 수 있는 초 단위로 시간을 제한하고 'Faster correct answers get more points'를 체크하면 먼저 빠르게 대답한 참여자에게 점수를 조금 더 줄 수 있다.

ㅅ 'Music'을 클릭하면 퀴즈를 푸는 시간 동안 음악을 설정할 수 있다.

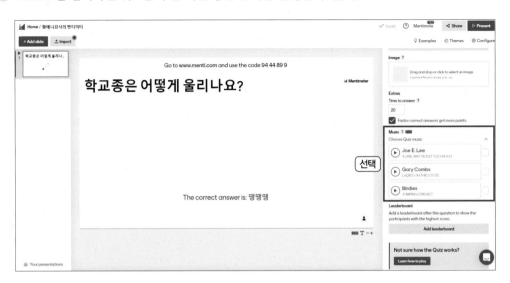

ㅇ Leaderboard의 [Add leaderboard] 버튼을 클릭하면 리더보드가 생성되며 가장 점수가 높은 참가자가 표시된다.

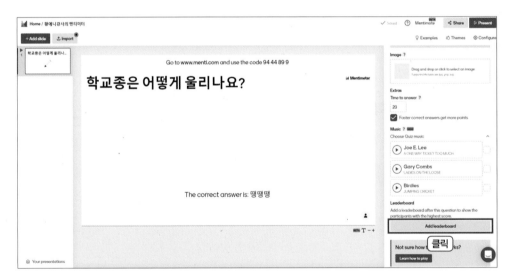

03 [Share]를 클릭하면 진행자가 만든 프레젠테이션을 참가자가 참여할 수 있도록 진행자가 만든 프레젠테이션으로 초대한다.

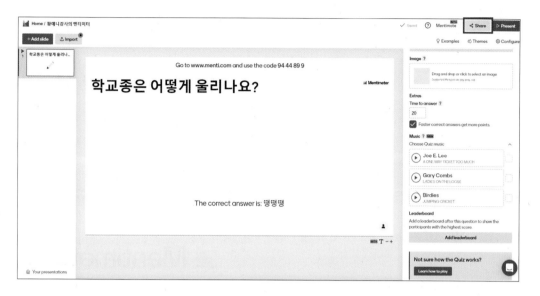

ㄱ 프레젠테이션 코드 입력을 통해 참여가 가능하다.

Voting code ?   Expand

The voting code **75 92 09 4** is valid now and expires in **2 days**.

ㄴ 링크를 통해 참여가 가능하다.

Voting link ?

https://www.menti.com/eqxb4ej275

Copy link

ㄷ QR코드를 통해 참여가 가능하다.

5 참가자로 멘티미터 접속하기

01 웹브라우저에서 프레젠테이션 코드를 입력하여 프레젠테이션에 참가할 수 있다. 여기서 주의할 점은 참가자로서 멘티미터에 접속할 시 검색창이나 주소 입력란에 'www.menti.com' 주소를 입력해야 한다.

※ www.mentimeter.com은 진행자로서의 멘티미터 프레젠테이션을 만들 때 접속하는 주소이므로 참가자는 'www.menti.com' 입력 후 접속한다.

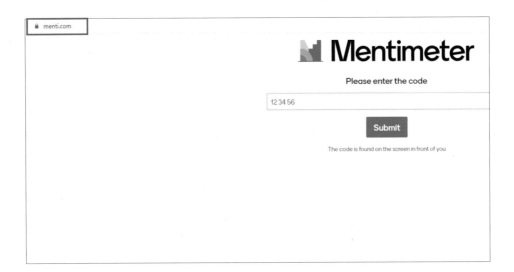

ㄱ 진행자에게 받은 코드 입력 후 [Submit]를 눌러 입장한다.

ㄴ 질문 밑 입력란에 대답을 입력 후 [Submit]을 클릭한다.

ㄷ 진행자의 프레젠테이션에서 결과를 확인할 수 있다.

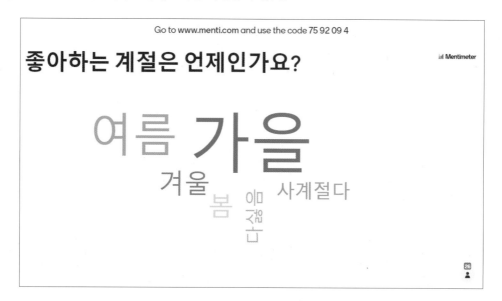

02 진행자가 준 링크를 통해 참가할 수 있다.

Voting link ?

https://www.menti.com/eqxb4ej275

Copy link

ㄱ 질문 밑 입력란에 대답을 입력 후 [Submit]을 클릭한다.

ㄴ 진행자의 프레젠테이션에서 결과를 확인할 수 있다.

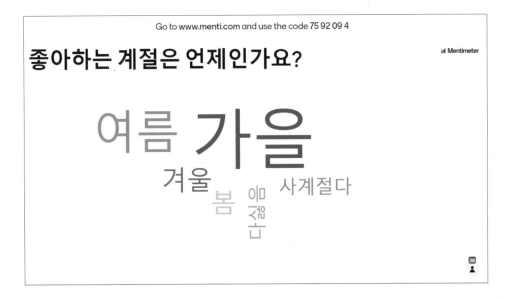

03 진행자에게 받은 QR코드를 스마트폰의 카메라를 통해 멘티미터 사이트로 연결하여 프레젠테이션에 참가할 수 있다.

ㄱ 질문 밑 입력란에 대답을 입력 후 [Submit]을 클릭한다.

ㄴ 진행자의 프레젠테이션에서 결과를 확인할 수 있다.

Go to www.menti.com and use the code 75 92 09 4

좋아하는 계절은 언제인가요?

여름 가을
겨울 봄 마겨 사계절다
음

26

Chapter 04

알로 / 뮤랄 활용법 (디지털 화이트보드)

01 | 알로

다양한 사람들과 협업을 하며 일을 진행하면 그만큼 시간도 절약할 수 있고 아이디어도 공유할 수 있어 좋다. 하지만 서로 사용하는 파일 형식이 PDF, 워드, PPT 등으로 서로 다르거나 참고 자료들도 유튜브 등에서 참고해야 하는 경우 이것들을 다시 하나로 추리는 데 시간 소요가 발생하게 된다. 온라인 기반의 화이트보드 협업 도구인 알로는 업무환경을 보다 효율적으로 개선하기 위해 만들어졌으며, 하나의 화면에서 각종 문서와 이미지, 포스트잇, 영상 등 모든 디지털 자료를 자유롭게 넣을 수도 있으며 코멘트도 자유롭게 남길 수 있다. 또한 유튜브 역시 캔버스에서 바로 재생이 가능하다. 또한 화상 회의와 실시간 채팅 기능을 통해 글과 이미지로만 전달하는 방식보다 직접적인 피드백을 바로 주고받을 수 있어 매우 편리하다.

1 알로 가입하기

01 먼저 알로 사이트에 접속한다 → http://www.beecanvas.com

현재 알로의 새로운 브랜드인 allo라는 이름을 함께 사용하고 있다.

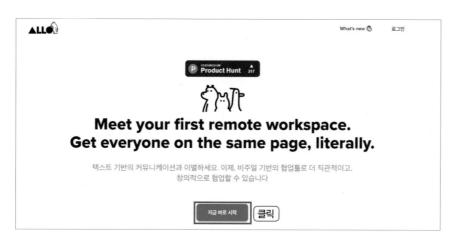

PART 06

온라인 퍼실리테이션 도구의 이해

02 회원가입은 이름과 이메일 주소, 비밀번호만 입력하면 바로 계정 생성이 가능하며, 구글 이메일이 있다면 연동으로 가입할 수 있다.

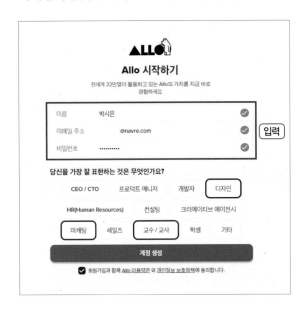

03 회원가입을 완료하면 다음과 같은 첫 화면이 생성된다. 대시보드 하단에 프로젝트 부분을 눌러 튜토리얼을 클릭하면 알로를 활용하면서 필요한 화이트보드 작성 및 사진, 영상, 자료 삽입 및 칸반보드, 캘린더 등 모든 기능을 활용할 수 있다.

2 새로운 캔버스 추가하기

01 알로 가입을 완료하였다면 이제 새로운 캔버스를 시작해보자. [캔버스 추가하기] 버튼을 클릭한다.

02 새로운 캔버스명을 입력하고 생성을 클릭하면 새로운 캔버스 추가가 완료된다.

03 처음 생성하는 경우 템플릿 지정이 가능하며 회의록, 공감지도, 비즈니스 모델 캔버스, 브레인스토밍 등 다양한 템플릿이 제공되므로 회의 목적에 맞는 템플릿을 선택 후 생성하면 된다.

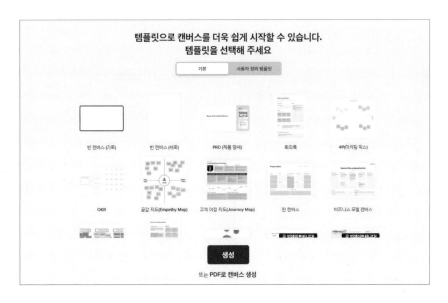

04 예시로 회의 템플릿을 함께 살펴보도록 하자. 가장 상단에 해당 캔버스에 대한 담당자와 일정, 마감일 등을 지정할 수 있다.

▲ 담장자, 마감일 지정

3 툴바 이해하기 및 코멘트 활용하기

캔버스 자료를 생성할 때 툴바를 활용하여 다양한 그림, 텍스트, 파일, 영상, 도구, 포스트잇 등을 첨가할 수 있다.

01 그리기 도구 : 캔버스에 텍스트를 추가 및 색상 변경, 사이즈 변경, 글꼴 변경 등 모든 수정도 텍스트 버튼을 클릭하여 할 수 있다. 펜처럼 캔버스 위에 다양하게 그려가며 표시할 수 있는 기능이다. 간단한 선과 도형을 그려서 아이디어에 의견을 첨부할 수 있다.

02 텍스트 입력 : 캔버스 안에 글씨 입력 및 링크 삽입을 할 수 있으며, 텍스트 수정도 가능하다.

03 파일 업로드 : 캔버스에는 다양한 파일을 삽입할 수 있다. 컴퓨터를 눌러 내 컴퓨터 안에 있는 이미지, 영상, 서류등을 첨부할 수 있으며 외부 링크삽입도 가능하다. 외부링크는 클릭하면 바로 해당 사이트로 연결이 되며 한글, 워드같은 서식파일은 다운로드가 가능하다.

따라서 캔버스에 첨부하고 영상이나 이미지가 있거나 참고가 될 만한 사이트가 있는 경우에는 파일 업로드 기능을 잘 활용하면 매우 유용하다.

▲ 캔버스에 이미지, 외부링크, 한글파일 등이 삽입된 예시

04 포스트잇 도구 : 오프라인 회의를 하다보면 포스트잇을 활용하여 메모를 하는 경우가 빈번하다. 알로에서는 포스트잇 도구 기능을 활용하여 보다 편리하게 작성할 수 있도록 제공한다.

포스트잇 도구를 누르면 원하는 형태의 포스트잇을 선택할 수 있고 상단의 메뉴바에서 포스트잇 색상 변경, 투명도 설정, 그림자 설정 등을 할 수 있으며, 글꼴이나 사이즈, 색상 등도 선택이 가능하다.

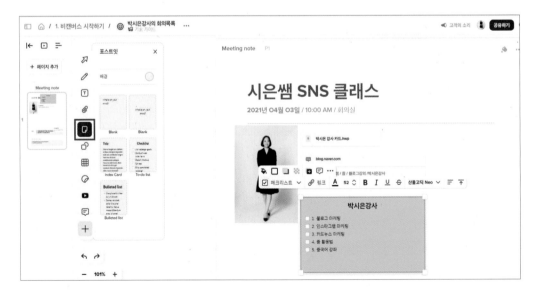

05 기본 도형 도구 : 기본 도형 도구에는 화살표, 선, 원형, 사각형, 삼각형, 별, 말풍선, 마름모 등 다양한 도형이 들어가 있으며 캔버스에 원하는 대로 붙여넣을 수 있다. 도형 색상 변경, 테두리, 배경색, 투명도 등을 설정할 수 있다.

06 표 만들기 : 캔버스에 표로 정리되는 자료가 필요한 경우 표 버튼을 눌러 삽입이 가능하다. 표는 양쪽 끝에 있는 = 버튼을 눌러 칸을 늘릴 수도 있고 모든 내용을 한번에 지우고 싶을 때에는 초기화 버튼을 누른다.

07 스티커 : 캔버스에 다양한 스티커를 붙일 수 있으며 검색은 영문과 숫자로만 가능하다.

08 유튜브 삽입 : 유튜브에 유용한 참고 영상이 있다면 영상을 바로 검색해서 캔버스에 직접 붙여넣을 수 있다. 클릭하면 유튜브 영상페이지로 바로 연결된다.

09 코멘트 추가 : 캔버스에 코멘트를 서로 남기면 팀원들이 확인하고 의견을 교환할 수 있다. 코멘트 삽입은 메뉴바를 눌러서 생성 가능하지만, 코멘트를 넣고 싶은 목록이 있다면 해당 목록에서 마우스 오른쪽 버튼을 클릭한 후 [코멘트 추가] 메뉴를 선택하여 바로 코멘트 추가를 할 수도 있다.

10 맨 앞으로 / 맨 뒤로 : 캔버스에 붙인 스티커 위치를 바꾸고 싶을 때 상단의 점 3개 메뉴를 누르면 맨 앞으로 / 맨 뒤로 버튼이 표시된다. 스티커가 겹쳐지는 경우 이 버튼을 활용하여 순서를 정해주도록 한다.

4 편리한 기능 및 채팅, 화상회의 기능

01 채팅하기 : 같은 캔버스에 들어와 있다면 팀원들끼리 채팅도 가능하다. 채팅 기능에서도 파일을 주고받을 수 있으며, @를 붙여서 특정 팀원에게 말을 걸 수도 있다.

02 화상회의 하기 : 같은 캔버스 내에 있는 팀원끼리는 화상으로 회의도 가능하다. **[화상회의]** 시작 버튼을 클릭하면 마이크, 카메라 사용 권한 요청 문구가 생성되는데 **[허용]**을 클릭한다.

회의를 진행할 때 얼굴을 보며 실시간 대화를 하면서 회의 진행을 하면 보다 정확한 의견 공유가 가능하기 때문에 매우 유용한 기능이다.

ㄱ 화면 하단에 소리와 화면을 조절할 수 있다. 내 화면 끄기를 누르면 실시간 화면이 꺼지면서
프로필 사진으로 변경되고 소리 역시 음소거를 누르면 내 소리는 꺼지게 된다.

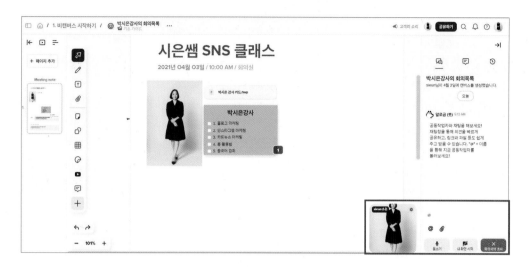

03 레이아웃 추가 : 기존 레이아웃에 추가로 더 넣고 싶은 경우는 좌측 상단의 **[페이지 추가]**
버튼을 클릭한다. 레이아웃 템플릿들 중 마음에 드는 것을 선택하여 캔버스를 추가로 제작하면
된다.

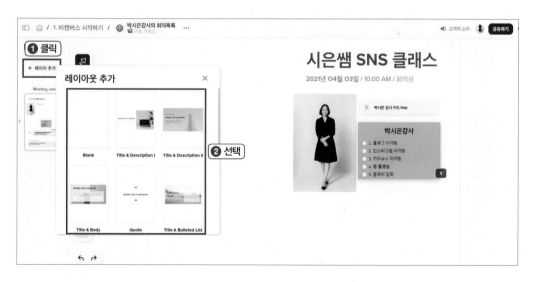

04 템플릿으로 저장 : 해당 캔버스를 템플릿으로 저장할 수 있다.

ㄱ 템플릿으로 저장을 클릭하면 이름을 설정할 수 있는 창이 생성된다.

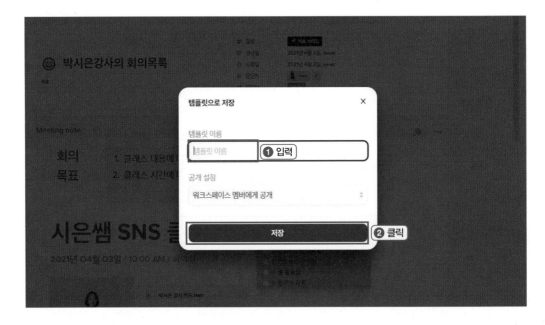

ㄴ 템플릿으로 생성된 파일은 캔버스를 생성할 때 사용자 정의 템플릿으로 다시 불러와서 사용할 수 있기 때문에 활용도가 높은 캔버스라면 템플릿으로 저장 기능을 꼭 활용해보자.

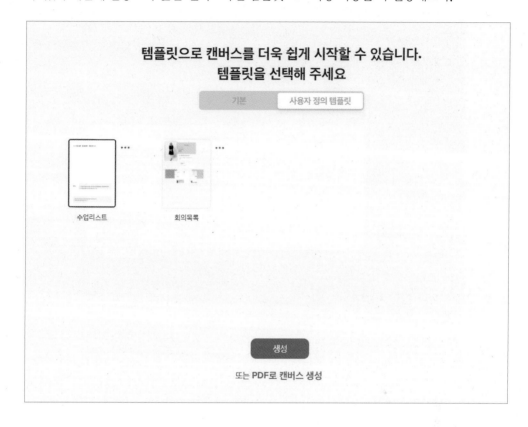

05 PDF로 캔버스 생성 : 이미 완성된 PDF가 있다면 그 자체로도 캔버스를 생성할 수 있다.

ㄱ 불러올 PDF 파일을 선택 후 [생성] 버튼을 클릭한다.

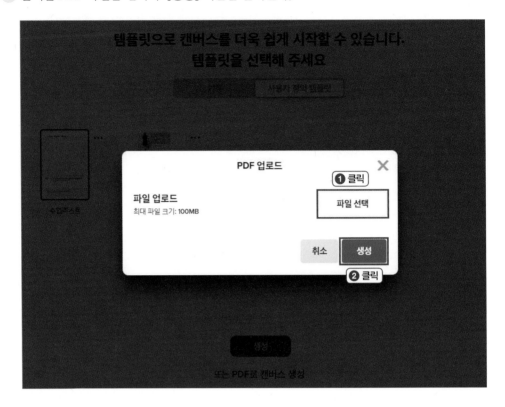

ㄴ 불러온 PDF 파일은 상단 파일명에 표시되며 페이지당 이름을 설정하고 싶을 때는 페이지 수 옆을 클릭하여 수정한다. 여기서는 예시로 〈특강요청정리〉라고 명시해보았다. 아울러 불러온 PDF 파일에 툴을 활용하여 여러 가지 메모를 남길 수도 있다. 포스트잇, 스티커, 참고할만한 링크, 사진, 영상, 코멘트 등을 다양하게 활용해보자.

5 칸반보드뷰, 캘린더뷰, 리스트뷰 활용하기

01 칸반보드 : 사용자들에게 가장 익숙한 뷰이다. 컬럼과 캔버스들을 활용도에 맞게 이동이 가능하며 프로젝트 관리, 콘텐츠 승인 프로세스, 디자인 리뷰 프로세스, 온보딩 프로세스, 리모트 워크샵 등이 가능하다.

또한 담당자, 마감일, 라벨별로 체크가 가능하기 때문에 프로젝트별로 담당자는 누구인지, 프로젝트 마감일은 언제까지인지, 또 해당 프로젝트의 일정에 따라 긴급, 연기 등 라벨도 활용할 수 있다는 장점이 있다.

02 캘린더뷰 : 캔버스를 캘린더뷰로 기본 설정할 수도 있다. 캘린더뷰의 가장 큰 장점은 캔버스가 프로젝트 마감일에 맞춰서 자동으로 배치된다. 캔버스를 생성하고 마감날짜를 적어두면 별도로 정리를 할 필요가 없다. 회의를 하게 된다면 시작하기 앞서 팀원이 참고할만한 자료 등을 미리 올려둔다면 보다 시간을 절약하여 회의 진행을 할 수 있게 된다. 프로젝트 성격, 프로젝트 주제, 시작 시간, 마감일 정보, 라벨 정보 등 모든 일정을 한 눈에 볼 수 있으므로 매우 편리하다.

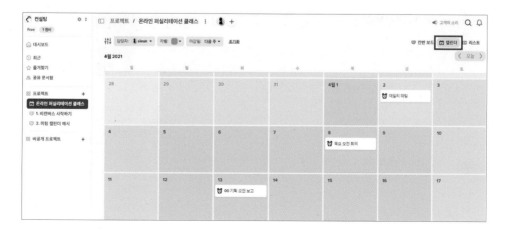

03 리스트뷰 : 리스트뷰는 프로젝트별 담당자, 프로젝트 마감일, 생성일, 수정일, 라벨별로 정렬해서 한눈에 볼 수 있다. 칸반보드뷰는 컬럼을 기준으로 정렬되고, 캘린더뷰는 날짜 기준으로 정렬되기 때문에 이러한 기준별로 정렬되는 것이 아직 되지 않을 때에는 부담 없이 리스트뷰로 보면 된다.

7 프로젝트 공유하기

알로에서 가장 중요한 기능 중의 하나는 단연 공유하기 기능이다.

01 캔버스를 다른 팀원에게 공유하려면 우측 상단의 **[공유하기]** 버튼을 클릭한다.

02 링크를 어떤 형태로 공유할 것인지 선택하고 공유해야 한다.

ㄱ 편집 가능 : 해당 링크를 받은 사람이 캔버스를 편집까지 할 수 있는 권한을 주게 된다. 스티커 이동, 추가, 수정 등 함께 편집할 수 있게 된다.

ㄴ 코멘트, 채팅 가능 : 편집권한은 없지만 해당 캔버스에 코멘트를 남길 수 있고 채팅을 할 수 있는 권한을 주게 된다.

ㄷ 읽기 가능 : 해당 링크를 받은 사람은 캔버스에 대한 어떠한 활동도 할 수 없으며 읽는 것만 가능한 링크다.

내가 공유하는 목적에 맞게 어느 정도까지 권한을 주는 링크를 공유할 것인지 판단하고 링크를 보내야 한다. 다만 주의할 점은 해당 링크를 발송하는 순간 링크를 받은 사람은 모두 해당 권한을 지니게 되므로 만약 중요한 프로젝트라면 되도록 편집 가능한 공유 링크는 공개적인 자리에서 공유를 지양하도록 한다.

03 보안상 기존 공유된 링크를 파기하길 원하는 경우는 링크 재생성을 통해 새로 생성할 수 있다. 기존 공유받은 사람들은 더 이상 해당 링크를 통해 캔버스 접근이 불가능하다.

04 해당 링크는 이메일로 공유도 가능하다. 이메일 링크 역시 편집 가능, 코멘트, 채팅 가능, 읽기 가능 등 권한부여를 정해서 공유할 수 있다.

02 뮤랄

뮤랄은 팀원과 함께 디자인하고 문제를 효율적으로 해결할 수 있도록 만들어진 온라인 화이트보드이며, 협업을 위해 만들어진 디지털 작업공간이다. 또한 별도로 다운로드할 필요가 없으며 크롬과 MS엣지에서 작동이 가장 원활하다. 뮤랄은 캔버스 위에 포스트잇을 비롯하여 영상, 사진, 외부 링크, 텍스트, 아이콘, 파일, 드로잉 등 다양한 콘텐츠를 자유롭게 추가하고 공유할 수 있으며, 팀원들과 실시간으로 협업을 할 수 있는 온라인 퍼실리테이션 도구이다.

온라인 상에서 팀원들과 함께 하나의 캔버스를 공유하여 그 캔버스 상에서 아이디어를 공유하고 필요에 따라 이미지나 동영상 삽입은 물론 텍스트 작성, 의견 공유 등이 얼마든지 자유롭게 가능한 가상 화이트보드인 셈이다.

정보를 일방적으로 한쪽에서 전달할 때는 자료를 준비해서 온라인 화상도구를 활용하여 전달만 해도 충분하지만, 만약 팀원들의 아이디어를 함께 모으거나 상호작용 협업이 필요한 경우는 뮤랄같은 퍼실리테이션 툴이 반드시 필요하다.

1 뮤랄 접속 후 가입하기

01 크롬을 통해 뮤랄 사이트(mural.co)에 접속한다.

02 뮤랄 사이트에서 화면 중앙의 [START NOW, FREE] 버튼을 클릭하여 회원가입을 진행한다.

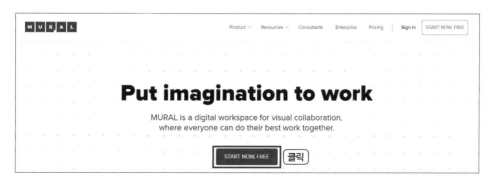

03 회원가입 화면이 표시되면 이름과 이메일 주소를 넣고 가입신청을 한다.

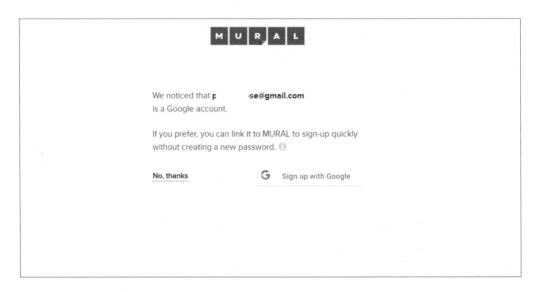

04 작성한 이메일로 계정 활성화 메일을 발송하면 해당 메일로 접속하여 새로운 비밀번호를 생성하고, 해당 이메일 주소와 비밀번호를 이용해 계정에 로그인한다.

05 나만의 워크스페이스에서 사용할 이름을 지정하고 다음으로 넘어간다.

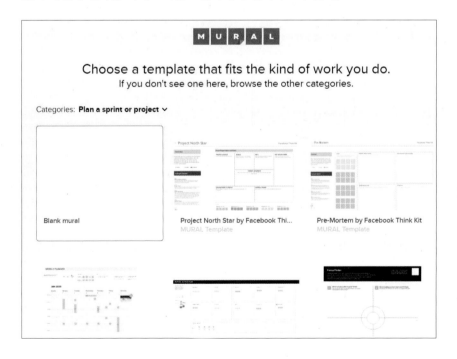

06 이제 모든 가입절차는 완료되었으며, 이미 생성되어 있는 템플릿에서 원하는 디자인이 있다면 클릭해서 바로 사용할 수 있고 새 뮤랄을 시작해도 된다. 템플릿들은 카테고리별로 정렬되어 있기 때문에 원하는 카테고리별로 클릭해서 선택하도록 한다.

2 새로운 템플릿 생성

01 회원가입을 완료하면 새로운 뮤랄을 만들 수 있는 초기 메뉴가 표시된다. 새로운 뮤랄을 생성하기 위해서는 [Create new mural(새 뮤랄 생성하기)]을 클릭한다.

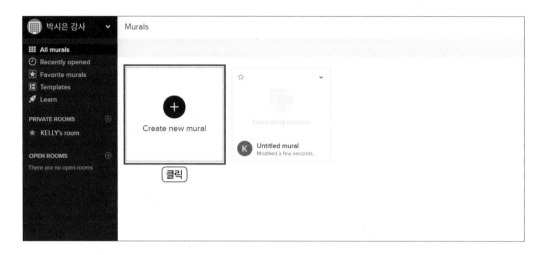

02 다음과 같은 창이 열리게 된다. 새로운 뮤랄을 비어있는 뮤랄로 시작하려면 Blank mural(빈 뮤랄)을 선택하고, 뮤랄에서 제공하는 템플릿을 활용하여 시작하려면 좌측의 템플릿 카테고리 중에서 본인에게 필요한 템플릿을 선택하고 [Create mural(뮤랄 만들기)]를 클릭한다.

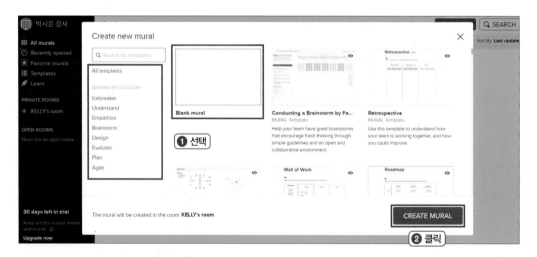

3 뮤랄 메뉴 소개

01 빈 뮤랄을 선택한 경우 다음과 같은 화면이 열리게 된다. 중앙의 빈 공간은 작업을 하는 공간이다. 만약 템플릿을 선택했다면 해당 공간은 다양한 도구들이 채워져 있을 것이다. 뮤랄에서 작업을 하기 위해서는 자체 내의 여러 기능들을 잘 활용해야 한다.

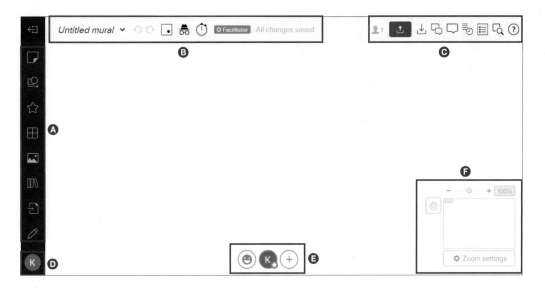

02 도구모음 : 좌측 상단 A구간은 뮤랄의 도구모음이다. 이곳에서 텍스트 입력, 도형 삽입, 아이콘 삽입, 프레임워크, 이미지 삽입, 파일 삽입, 그리기 등을 할 수 있다.

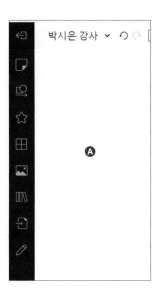

ㄱ 텍스트 : 캔버스 위에 텍스트를 입력할 때 사용하는 도구이다. 이곳에서는 텍스트를 바로 입력해서 넣을 수도 있고, 여러 가지 포스트잇을 삽입하고 그 위에다 텍스트를 입력할 수도 있다. 포스트잇은 3가지 형태가 있는데 직사각형, 정사각형, 원형 중 필요에 따라 선택하여 삽입한다.

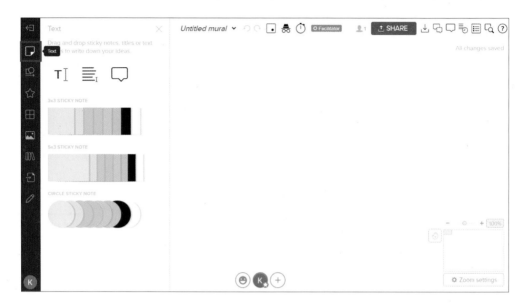

ㄴ 도형과 커넥터 : 뮤랄 공간에서 원하는 다양한 도형을 추가하고 싶거나 콘텐츠끼리 이어주는 직선, 곡선 등의 커넥터를 선택할 수 있다.

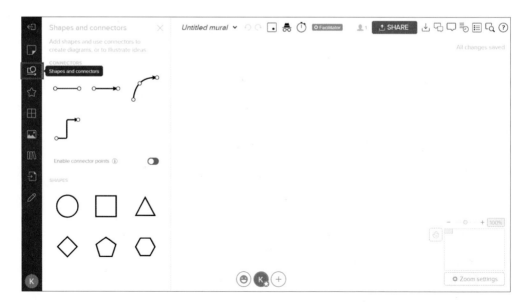

ㄷ 아이콘 : 뮤랄에서는 자체적으로 수많은 아이콘들을 제공한다. 작업하면서 필요한 아이콘이 있다면 이곳에서 선택하여 삽입하도록 한다.

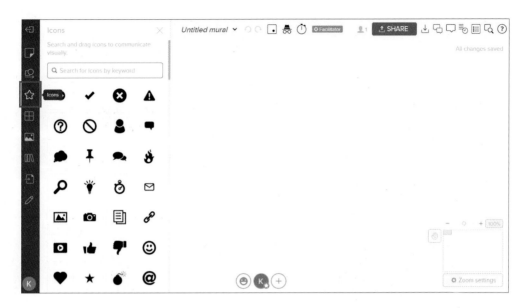

ㄹ 프레임워크 : 이곳에서는 여러 가지 템플릿을 선택하여 삽입할 수 있는데 뮤랄이 제공하는 5 가지 카테고리인 레이아웃, 디자인, 애자일, 비즈니스, 캘린더와 관련 있는 템플릿들을 선택 할 수 있다. 본인이 필요한 템플릿을 선택 후 캔버스에 삽입하여 사용하도록 하자.

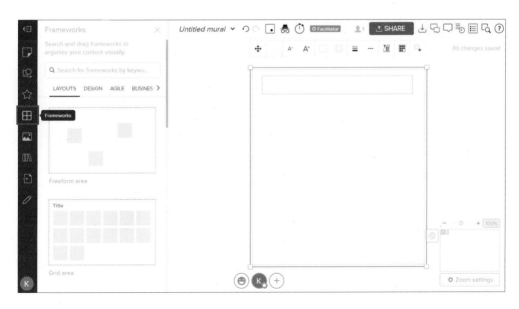

□ 이미지 : 이미지는 뮤랄에서 제공하는 이미지를 검색해서 삽입할 수 있는 공간이다. 필요한 이미지는 1번 검색공간에서 검색하여 클릭하면 캔버스에 삽입되며, 2번 이미지 추가 공간을 클릭하면 컴퓨터, 원드라이브, 구글드라이브, 드롭박스에 있는 사진을 가져와서 사용할 수도 있다.

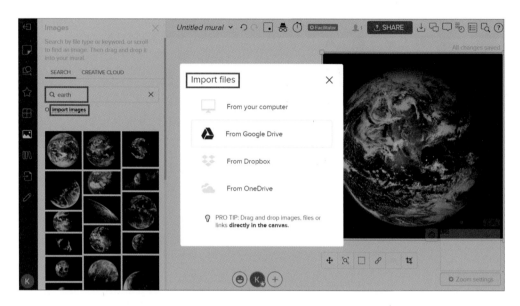

ㅂ 파일 : 이미지처럼 역시 원하는 파일을 외부에서 선택하여 캔버스에 삽입할 수 있다.

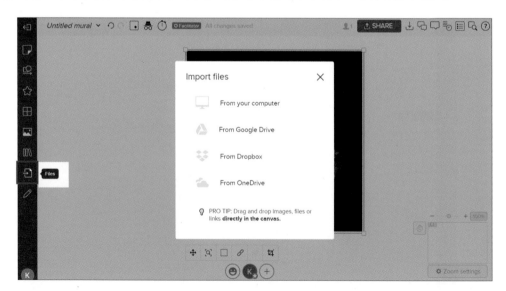

ㅅ 그리기 : 그리기 기능은 다양한 굵기의 펜과 색상 등을 고를 수 있으며, 삭제하고 싶을 때에는 펜 옆의 지우개를 클릭하여 삭제한다. 굵기 순서대로 펜이 왼쪽부터 정렬되어 있고 네 번째는 하이라이터, 지우개, 색상 순이다.

그림을 그리고 나서 위치 이동은 마우스를 클릭하여 옮길 수 있다.

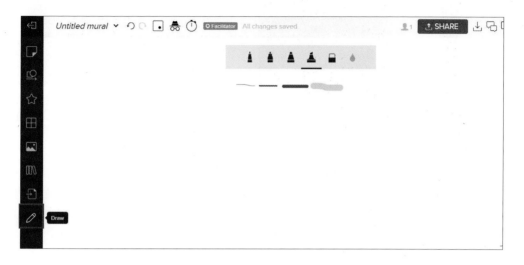

03 유용한 기능 : 좌측 상단 B구간은 뮤랄의 유용한 기능 모음이다. 이곳에서 뮤랄 제목 설정, 투표하기, 타이머 설정, 퍼실리테이터 권한 확인, 시간 설정 등을 할 수 있다.

ㄱ 뮤랄 제목 : 뮤랄의 제목을 정하기 전에는 Untitled mural이라고 표시되고 더블클릭을 하면 뮤랄 제목을 정할 수 있다. 또한 제목 옆의 화살표를 클릭하면 다양한 도구모음이 펼쳐지는데 뮤랄 공유하기, 뮤랄 세팅하기, 뮤랄 삭제하기 등 11가지 기능을 활용할 수 있다.

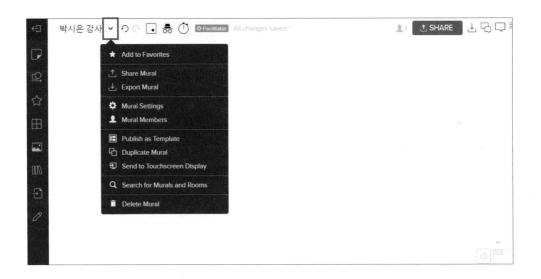

ㄴ 투표하기 : 참가자들이 작성한 아이디어의 중요도 등을 정할 때 팀원들이 직접 투표를 통해
결정한다. 온라인상에서 사람들이 어떤 의견을 우선순위로 선택하는지 매번 알아보기 쉽지
않은데, 이 투표 기능을 통해 보다 빠르고 편리하게 알아볼 수 있기에 투표 기능은 뮤랄의 정
말 좋은 기능 중 하나이다.

ㄷ 타이머 기능 : 간혹 회의를 하다 보면 본인도 모르게 정해진 시간이 훌쩍 지나기도 한다. 뮤랄의 타이머 기능을 활용해서 작업할 때 시간을 설정하면 바로 시간 카운트다운이 시작되고, 종료되면 알람이 울리면서 시간 종료가 되었음을 알려주기 때문에 여러 사람이 협업하여 작업할 때 시간을 관리하기 매우 편리한 기능이다.

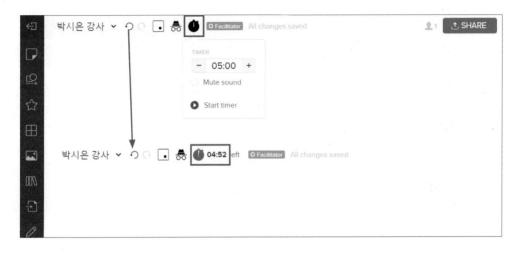

ㄹ 퍼실리테이터 : 이 화면은 해당 뮤랄 캔버스를 처음 생성한 퍼실리테이터에게만 보이는 버튼이다. 퍼실리테이터의 권한은 다음과 같다.

– 타이머 설정 : 회의가 늘어지지 않도록 퍼실리테이터는 타이머를 설정할 수 있고 참가자들은 설정한 시간 안에서 활동할 수 있다.

– 소환 : 모든 뮤랄 참가자들이 동시에 같은 것을 볼 수 있도록 참가자들을 소환할 수 있다.

– 아웃라인, 지시, 감추기 : 아웃라인을 사용하여 지시사항을 추가하고 아직 준비가 덜 된 단계는 숨길 수 있다.

– 뮤랄 수정 : 뮤랄 사이즈 및 백그라운드 컬러 수정을 할 수 있다.

– 생일축하 : 참가자 중 생일이거나 목표를 완료했을 때 캔버스 내에서 축하해줄 수 있는 기능이다.

아울러 퍼실리테이터는 팀원 중 선정하여 일부 권한을 지정할 수 있는데, 타이머 설정과 소환 권한을 줄 수 있다. 해당 권한을 받은 팀원은 필요에 따라 시간 설정 및 팀원 소환을 시킬 수 있지만 퍼실리테이터는 아니기 때문에 화면에 퍼실리테이터 버튼은 보이지 않는다. 회의를 진행하면서 퍼실리테이터가 타이머 설정 및 사람들을 소환하는 부분까지 일일이 다 신경쓰기 힘들 때에는 함께 협업할 수 있는 사람에게 권한을 일부 주고 도움을 받는 것도 편리하다.

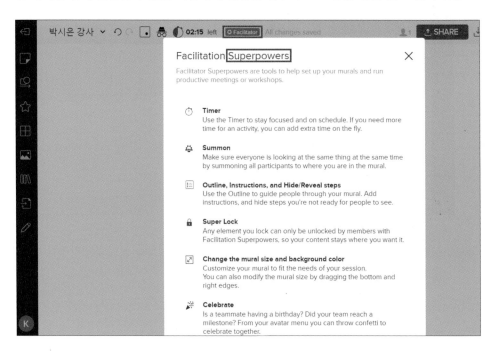

04 공유 및 소통 : 우측 상단 C구간은 뮤랄의 공유 및 소통 공간이다. 이곳에서 초대하기, 내보내기, 채팅하기, 코멘트 작성, 작업현황 확인 등이 가능하다.

ㄱ 초대하기 : [Share] 버튼은 현재 뮤랄 작업에 함께 동참할 수 있도록 초대하는 버튼이다. 초대는 이메일로 발송할 수도 있고 링크 자체를 복사해서 전달할 수도 있다.

ㄴ 내보내기 : 뮤랄에서 작업한 것을 저장하는 버튼인데 PDF, PNG 이미지, ZIP 형태 등을 선택할 수도 있고, 템플릿 공개 등의 기능이 있다.

또한 그중에서 템플릿 공개 기능은 직접 제작한 템플릿을 공개하여 사람들이 사용할 수 있도록 하는 기능이다. 다른 퍼실리테이터가 제작한 템플릿을 복사해와 원하는 대로 수정하여 사용할 수 있다.

PART 06

온라인 퍼실리테이션 도구의 이해

ㄷ 채팅하기 : 협업하면서 팀원들과 소통할 수 있는 공간으로 채팅 기능을 활용할 수 있다. 우측 하단의 메시지 창에 입력하면 팀원들이 모두 읽을 수 있다.

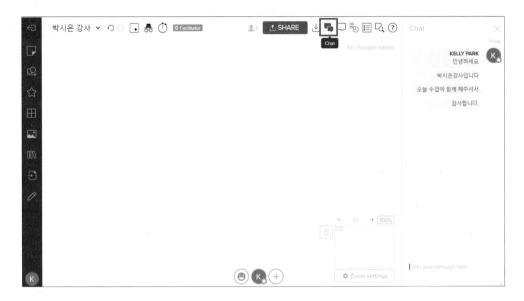

ㄹ 코멘트 기능 : 코멘트를 달고 싶은 작업물 위에서 마우스 오른쪽 버튼을 누르면 메뉴들이 표시되고 위에서 3번째 있는 [코멘트 추가(Add Comment)] 메뉴를 클릭한다.

코멘트 추가 메뉴를 클릭하면 메시지를 입력할 수 있는 창이 생성되고 입력 후 [SAVE] 버튼을 클릭하면 저장되어 추후 사진상의 숫자만 클릭해도 코멘트를 확인할 수 있다.

형태는 비슷하지만 채팅과 다른 점은 채팅은 팀원끼리 자유로운 대화를 할 수 있는 것이라면, 코멘트는 작업 결과물 중 코멘트를 달고 싶은 곳에 의견을 적는 것이다.

□ 액티비티 : 작업을 하면서 작업 순서대로 기록이 보인다.

어느 팀원이 언제, 어떤 작업을 했는지 세세하게 기록이 남아 있다. 시간 순서에 따라 모든 기록이 남기 때문에 누가 언제 추가하고 삭제했는지 모두 함께 볼 수 있다.

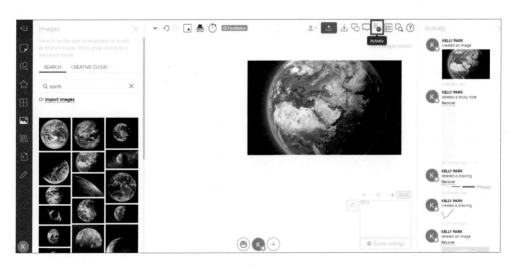

05 프로필 설정 : 좌측 하단 D구간은 프로필 영역이다. 사진 수정, 이름 변경, 이메일 변경, 비밀번호 변경 등이 가능하다.

ㄱ 프로필 세팅 : 나를 나타낼 수 있는 사진으로 변경하고 이름과 이메일 주소 등을 수정한다.

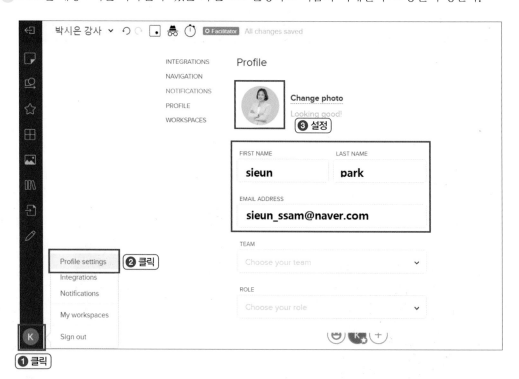

ㄴ 연동 : 뮤랄과 현재 사용하는 클라우드와 연동할 수 있다.

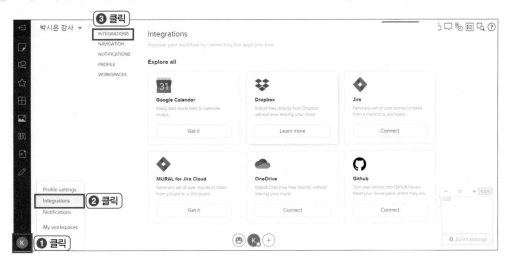

06 화면 공유 : 화면 하단 정중앙에 있는 E구간의 플러스 버튼을 클릭하면 뮤랄을 공유하는 창이 뜬다. 초대받을 사람의 이메일 주소를 입력하고 작업 내용을 볼 수 있게만 권한을 줄 것인지 수정까지 할 수 있게 해줄 것인지 선택하여 초대할 수 있다.

07 작업 확인 : 화면 우측 하단의 F구간에서는 작업 전체를 볼 수 있다. 현재 보이는 작업이 표시되며, 이곳에서 움직이면 뮤랄 캔버스 상의 작업물이 연동되어 움직인다.

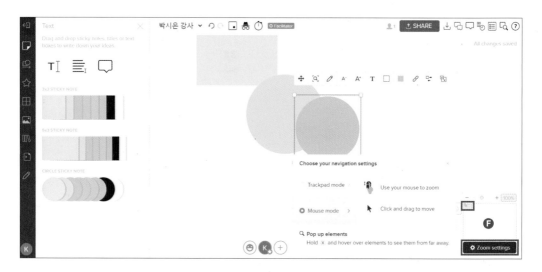

ㄱ 도구모음

좌측의 도구는 작업물 위에 커서를 놓고 마우스 오른쪽 버튼을 누르면 나타나는 도구모음이다.

그중 몇 개만 소개하고자 한다.

– Link : 다른 사람에게 작업을 공유할 때 이 링크를 공유하면 다른 사람이 바로 접속할 수 있다.

– Bring to Front / Sent to Back : 순서 앞뒤를 조절할 때 사용한다.

– Duplicate : 그대로 똑같이 복사하여 사용할 때 클릭한다.

– Lock : 화면에서 움직이지 못하도록 고정시켜 둘 때 사용한다.

우측의 도구는 뮤랄 캔버스의 빈 공간에 두고 마우스 오른쪽 버튼을 누르면 나타나는 도구이다.

포스트잇 추가, 텍스트 추가, 코멘트 추가, 입력 영역 추가, 뮤랄 사이즈 조정, 템플릿 및 작업별 고정, 외부에서 파일 추가, 복사 등을 할 수 있는 기능들이다.

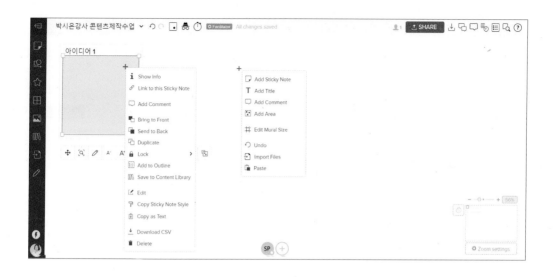

4 포스트잇 작성과 편집

뮤랄에서 아마 가장 많이 쓰이는 것은 단연 포스트잇일 것이다. 해당 포스트잇을 작성하고 편집 메뉴 및 정렬하는 방법을 함께 알아보도록 하자.

위에서 언급한 바와 같이 포스트잇을 작성하기 위해서는 좌측 상단의 텍스트 버튼을 클릭하여 포스트잇을 추가한다. 아울러 포스트잇 편집은 포스트잇을 클릭하게 되면 주변이 파란색 테두리가 생기면서 하단에 메뉴바가 생성된다.

포스트잇을 이동하거나 확대해서 볼 수 있으며 글씨 크기를 크거나 작게 조절도 가능하다. 또한 포스트잇 경계선 및 포스트잇 색상 변경, URL 연결, 포스트잇 사이즈 변경 등이 있다.

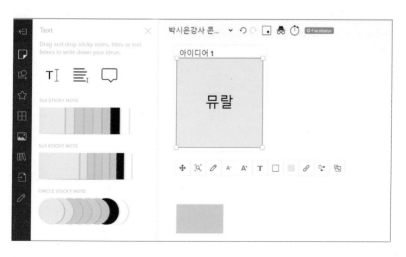

그중에서도 그리기 기능을 클릭하면 Switch to Sketch 팝업이 뜨면서 그리기 편한 사이즈로 변경된다. 상단 메뉴에 이동, 확대, 자판, 펜, 지우개, 테두리, 색상 변경 등의 메뉴바가 함께 생성된다.

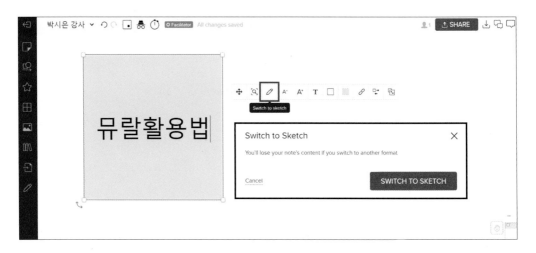

5 대시보드 소개 및 운영 방법

뮤랄의 메인 화면인 대시보드는 다양하게 선택할 수 있다. 뮤랄의 템플릿을 카테고리별로 체크할 수 있으며, 각각의 용도에 맞게 선택하여 사용하면 된다. 또한 뮤랄에는 두 종류의 방이 있는데 하나는 Private rooms, 즉 개인용 방과 Open rooms는 협업을 위해 생성된 공개용 방이다.

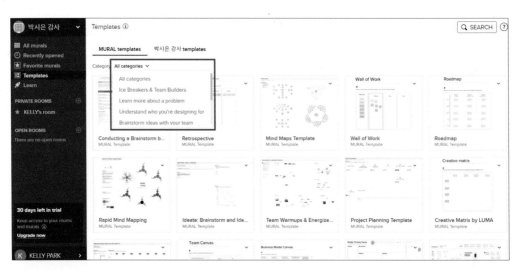

또한 Templates는 뮤랄 자체에서 제공하는 템플릿들도 사용 가능하지만 일부 유저들이 뮤랄 사용자들이 사용할 수 있도록 공개해 둔 템플릿을 카테고리별로 볼 수 있다.

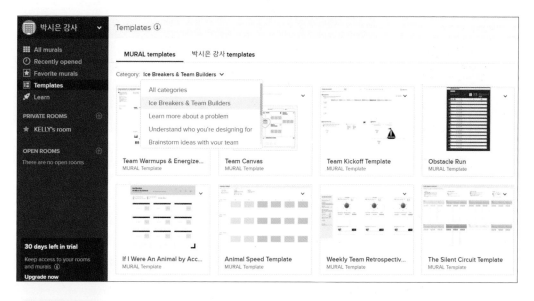

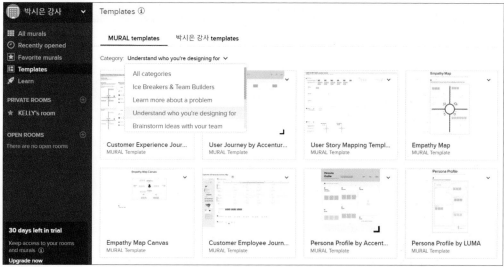

▲ 템플릿별 예시

대시보드에서는 그동안 작업했던 목록들을 볼 수 있으며 Recently opened를 클릭하여 최근 작업했던 뮤랄 목록을 보거나 Favorite murals에서 자주 사용하거나 좋아하는 뮤랄 목록을 볼 수 있다.

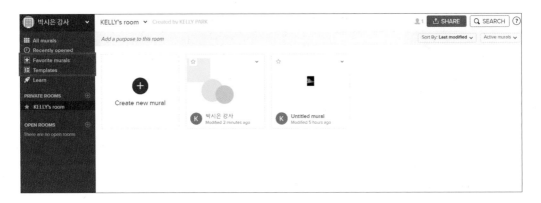

또한 대시보드에서는 새로운 방을 개설할 수도 있다. 뮤랄 파일이 쌓이게 되면 분류해서 관리하는 게 어려워지기 때문에 용도에 맞춰 방을 개설하고 분류해두면 된다.

방의 이름과 해당 방을 개인방에 개설할 것인지, 공개방에 개설할 것인지 선택하고 방에 대한 코멘트를 적어 생성하면 된다.

6 뮤랄 템플릿 제작하기

01 뮤랄을 생성하기 위해서는 비어있는 뮤랄을 선택하거나 기존 템플릿을 선택하고 [**뮤랄 생성하기(CREATE MURAL)**] 버튼을 클릭한다.

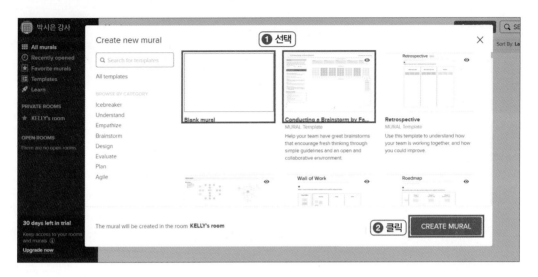

ㄱ 왼쪽의 메뉴바에서 도형을 선택하고 타이틀을 만들어본다.

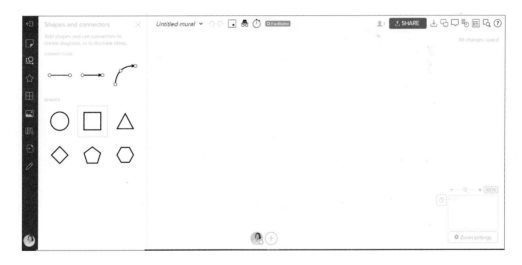

ㄴ 원하는 사이즈로 조절하고 도형 색상 및 테두리선을 조절한다.

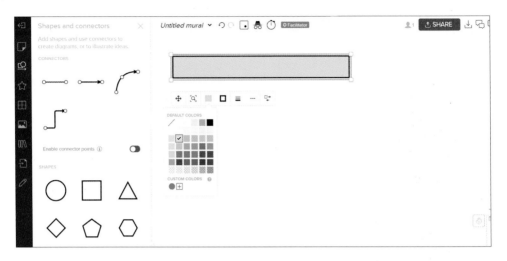

ㄷ 포스트잇을 선택하고 빈 공간에 더블클릭을 하면 포스트잇이 바로 복사된다.

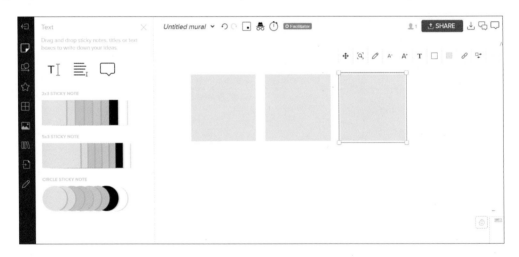

ㄹ 만약 정렬이 맞지 않은 경우는 모두 선택한 후 [Align Middle] 메뉴를 클릭하여 정렬 맞추기를 하면 일렬로 정렬된다.

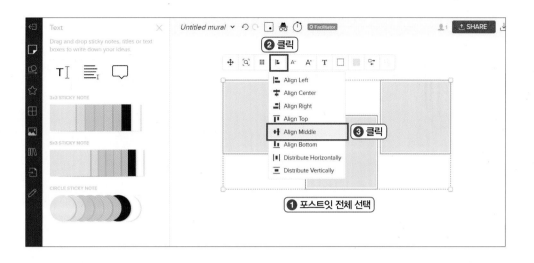

이러한 방법들로 얼마든지 내가 원하는 템플릿을 생성하여 팀원들과 작업할 수도 있다. 지금까지 알로와 뮤랄을 활용한 온라인 퍼실리테이션 도구에 대해 알아보았다. 지금까지는 오프라인 환경에서 많은 것들이 이루어져 왔다. 하지만 비대면 회의가 활성화되면서 각종 회의를 비롯하여 수많은 강의들은 이제 온라인에서 이뤄지게 되었으며, 퍼실리테이션 분야도 이제는 온라인에서 활발하게 이뤄지고 있다. 또한 비대면 화상회의 프로그램과 온라인 퍼실리테이션 도구의 협업도 다양하게 진행되고 있는 것이 현실이다. 변화하는 환경에 적응하고 특히나 혼자 하는 작업이 아닌 여러 사람과 협업을 해야 하는 온라인 퍼실리테이션 도구를 보다 자유롭게 활용하기 위해서는 자주 접하고 활용해보기를 적극 권장한다.

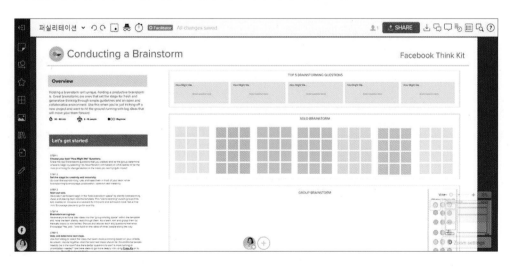

memo

부록

1시간에 끝내는
초간단 온라인 강의
편집법

① 스마트폰 편 – 키네마스터 기초

Chapter 01 스마트폰 편 – 키네마스터 기초

01 ◀ 미디어 불러오기

1 프로젝트 새로 만들기

ㄱ [새로 만들기] 버튼을 누른다.

ㄴ 화면 비율은 업로드하려는 SNS에 맞춰 선택한다. 16:9 비율이 보편적이며, 숏폼 영상은 9:16을 사용한다.

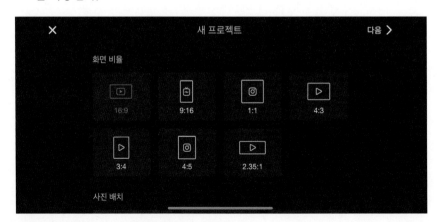

ㄷ 사진을 타임라인에 불러올 때 사진 배치와 사진 길이의 설정을 미리 할 수 있다.

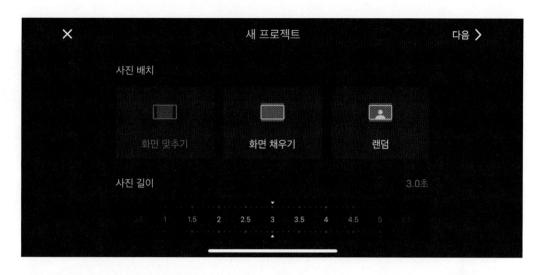

2 스마트폰 안의 비디오 불러오기

ㄱ 우측 원 안에 있는 [미디어] 버튼을 클릭한다.

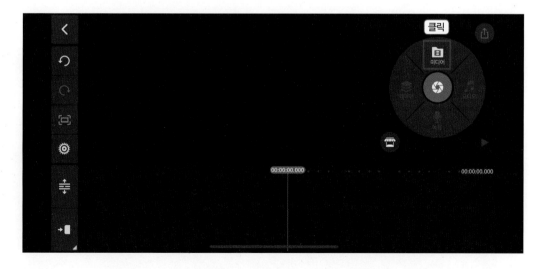

ㄴ 좌측 바를 보면 [비디오]와 [사진]이 분리되어 보이는 것을 알 수 있는데, 위의 화면에서 [미디어] 버튼을 클릭하면 항상 [비디오] 폴더가 우선으로 열리도록 설정되어 있다.

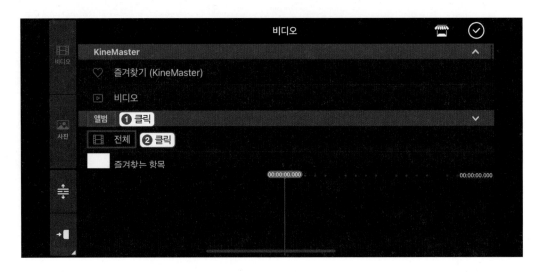

ㄷ [비디오] 카테고리 안에서 **[앨범 → 전체]**를 누르면 스마트폰 안의 전체 비디오가 보이며, 전체 밑의 하위 폴더를 살펴보면 스마트폰에서 나뉘어진 폴더대로 비디오가 폴더링되어 있는 것을 확인할 수 있다.

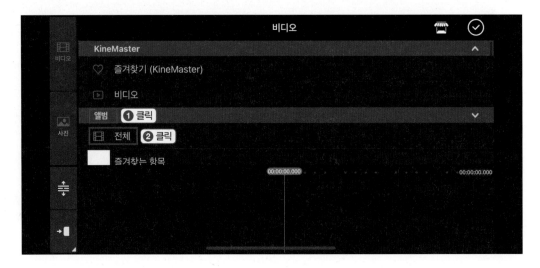

ㄹ 편집에 사용하고 싶은 비디오를 누르면 플레이헤드를 중심으로 타임라인에 비디오가 생긴다. 비디오를 여러 번 누르면 타임라인에 같은 비디오가 여러 개가 생기므로 주의한다.

ㅁ 비디오와 비디오 사이엔 [+]가 생기는 것을 확인할 수 있다.

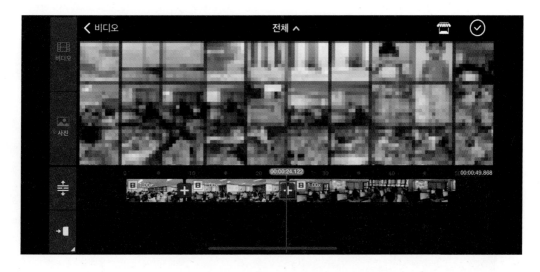

ㅂ 상단 중앙의 [전체] 옆 화살표 [∨] 또는 [∧]를 누르면 방향이 바뀌면서 찍힌 날짜별 오름차순
내림차순으로 비디오 순서를 볼 수 있다.

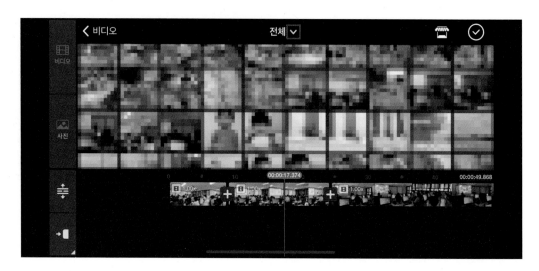

ㅅ 편집하고픈 비디오를 다 불러왔다면 우측 상단 모서리의 [⊙] 버튼을 눌러 상위 화면으로
나간다.

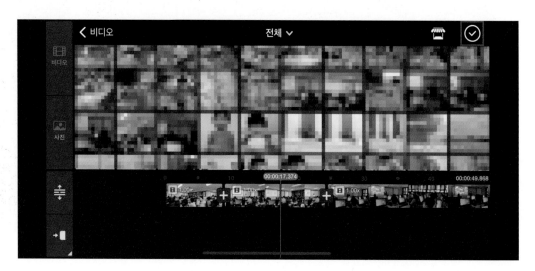

ㅇ 내 스마트폰에 있는 비디오 불러오기가 완료되었다.

3 스마트폰 안의 사진 불러오기

ㄱ 우측 원 안에 있는 [미디어] 버튼을 클릭한다.

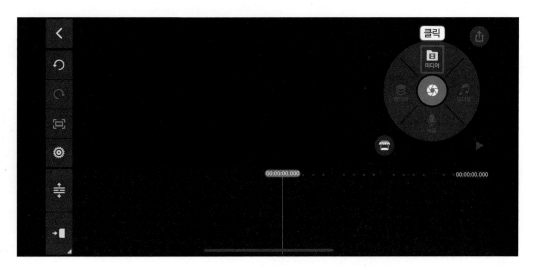

ㄴ 좌측의 [비디오] 버튼 아래 [사진]을 클릭하고 [앨범 → 전체]를 클릭하면 스마트폰 안의 전체
   사진이 보이며, 전체 밑의 하위 폴더를 살펴보면 스마트폰에서 나뉘어진 폴더대로 비디오가
   폴더링되어 있는 것을 확인할 수 있다.

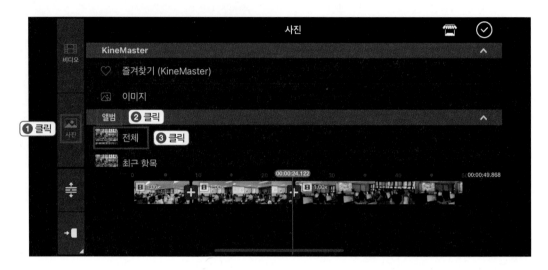

ㄷ 편집에 사용하고 싶은 사진을 선택하면 플레이헤드를 중심으로 타임라인에 사진이 생긴다.

ㄹ 비디오 또는 사진 사이엔 [+]가 생기는 것을 확인할 수 있다.

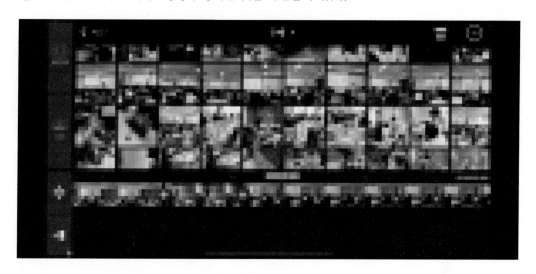

ㅁ 편집하고픈 사진을 다 불러왔다면 우측 상단 모서리의 [⊙] 버튼을 눌러 상위 화면으로 나간다.

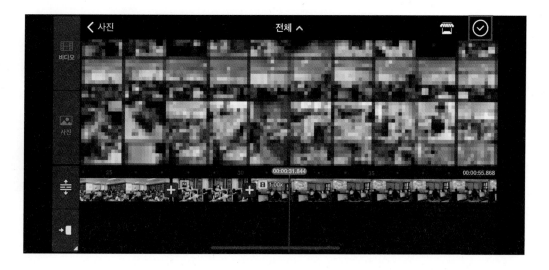

ㅂ 내 스마트폰에 있는 사진 불러오기가 완료되었다.

ㅅ 타임라인에 있는 클립의 좌측 상단에 있는 모양으로 비디오와 사진을 구분할 수 있는데, 비디오는 필름 모양, 사진은 산 모양의 아이콘이 있다.

※ 안드로이드 기반 스마트폰은 비디오와 사진이 나눠져 있지 않으며, 폴더를 선택하여 비디오나 사진을 불러오면 된다.

4 배경 이미지 불러오기

ㄱ 우측 원 안에 있는 [미디어] 버튼을 클릭한다.

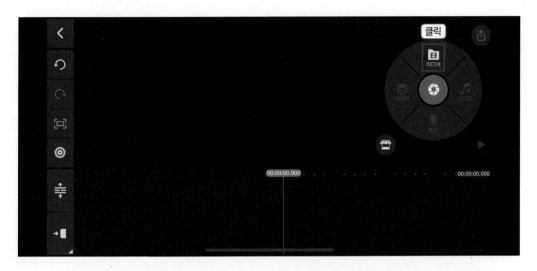

ㄴ 좌측의 [비디오] 버튼 아래 [사진]을 클릭하고 [KineMaster →이미지]를 클릭한다.

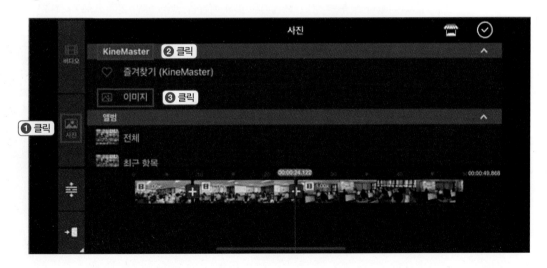

ㄷ 다양한 배경 이미지 중에서 배경 이미지로 쓰기를 원하는 이미지를 선택하면 타임라인에 생긴다.

※ 에셋스토어에 더 다양한 이미지를 다운로드할 수 있다.

ㄹ 배경 이미지를 불러왔다면 우측 상단 모서리의 [ⓥ] 버튼을 눌러 상위 화면으로 나간다.

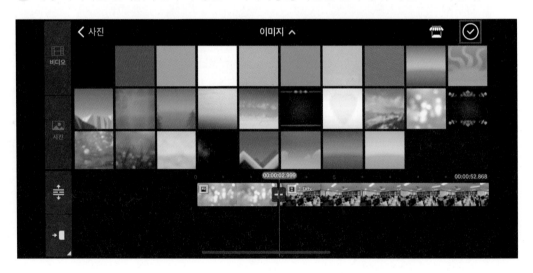

□ 내 스마트폰에 있는 사진 불러오기가 완료되었다.

02 컷 편집

편집하고 싶은 비디오를 누르면 노란색 사각 프레임이 생기면서 우측에 새로운 기능들이 생겨나는데, 그중 제일 첫 번째 가위 모양의 [트림/분할]을 선택한다.

01 플레이헤드의 왼쪽을 트림

플레이헤드를 중심으로 비디오를 둘로 나누어 플레이헤드의 좌측을 지워준다.

02 플레이헤드의 오른쪽을 트림

플레이헤드를 중심으로 비디오를 둘로 나누어 플레이헤드의 우측을 지워준다.

03 플레이헤드에서 분할

플레이헤드를 중심으로 비디오를 둘로 나누어준다.

04 정지화면 분할 및 삽입

플레이헤드를 중심으로 비디오를 둘로 나누고 나뉜 지점을 이미지로 만들어 삽입한다.

03 │ **자막 넣기**

01 우측 원 안에 있는 [레이어] 버튼을 누른다.

ㄱ [레이어]를 클릭하면 부채처럼 기능들이 또 펼쳐지는데, 그중 T모양의 [텍스트]를 클릭한다.

ㄴ 텍스트의 내용을 입력할 수 있는 입력란과 자판이 나오면 입력하고 싶은 텍스트를 입력한다.

우측 상단 모서리의 [☑] 버튼을 눌러 상위 화면으로 나오면 클립 아래 노란색 레이어가 생긴 것을 확인할 수 있으며, 하얀색의 텍스트가 화면 중앙에 쓰여 있고 점선 테두리와 함께 화살표가 그려져 있는 것을 볼 수 있다.

ㄷ 우측 하단 모서리에 있는 대각선 화살표를 누른 상태에서 바깥 또는 안쪽으로 끌어주면 텍스트의 크기 변경이 가능하다.

ㄹ 점선 테두리 안의 한 부분을 누른 상태에서 옮기고 싶은 위치로 끌어가면 위치가 이동된다.

ㅁ 우측 상단 모서리에 있는 곡선으로 된 화살표 모양을 누른 상태에서 위아래로 움직이면 회전을 하며 텍스트의 각도를 변경할 수 있다.

ㅂ 전체 화면에서 우측에 있는 툴 중에 [Aa] 모양으로 생긴 [폰트]를 선택하면 글씨체 변경이 가능하다. 한글 글씨체는 에셋스토어에서 글씨체를 다운로드한 후 사용이 가능하다.

ㅅ 다운로드한 한국어 글씨체를 클릭하여 선택한 후 우측 상단 모서리의 [⊙] 버튼을 클릭하면 상위 화면으로 나온다.

ㅇ 글씨체가 변경된 것을 확인할 수 있으며, [색상]을 클릭하여 글씨의 색을 변경할 수 있다.

ㅈ [색상]을 선택하면 파레트가 나오고 원하는 색상을 선택한다. [opacity]의 %를 조절하여 불투명도를 변경할 수 있다.

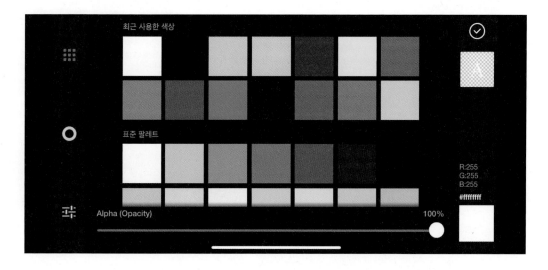

ㅊ 우측의 툴을 손가락으로 아래에서 위로 올려보면 텍스트의 [윤곽선], [그림자], [글로우], [배경] 기능을 이용하여 텍스트를 꾸밀 수 있다.

▲ 윤곽선

▲ 그림자

▲ 글로우

▲ 배경

04 음악 넣기

1 배경음악 넣기

ㄱ 배경음악을 클립의 맨앞부터 나오게 작업하기 위해 플레이헤드를 클립의 맨 앞으로 가져다 놓은 후 우측 원 안에 있는 [오디오] 버튼을 클릭한다.

ㄴ [오디오]에서 [음악]을 클릭한 후 사용할 음악의 제목을 선택한다. 만약 음악이 없다면 에셋스토어에서 음악을 다운로드한 후 사용하면 된다.

ㄷ 사용할 음악을 누르면 글씨색이 흰색에서 빨간색으로 바뀌고 우측에 [+]가 생기는데, 그것을 클릭해야 타임라인에 음악 레이어가 생긴다.

ㄹ 클립 아래 음악 레이어가 생성된 것을 확인할 수 있다.

2 효과음 넣기

ㄱ 효과음을 넣고 싶은 부분으로 플레이헤드를 가져다 놓고 우측 원 안에 있는 [오디오] 버튼을 클릭한다.

ㄴ [음악] 아래 [효과음]을 클릭한다.

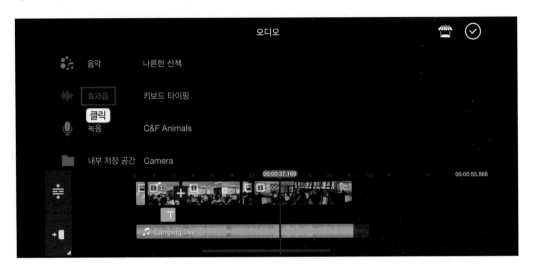

ㄷ 사용할 효과음을 선택하면 글씨색이 흰색에서 빨간색으로 바뀌고 우측에 [+]가 생기는데, 그 것을 클릭해야 타임라인에 효과음 레이어가 생긴다.

ㄹ 클립 아래로 효과음 레이어가 생성된 것을 확인할 수 있다.

3 녹음파일 넣기

ㄱ 녹음파일을 넣고 싶은 부분으로 플레이헤드를 가져다 놓고 우측 원 안에 있는 [오디오] 버튼을 클릭한다.

ㄴ [효과음] 아래 [**녹음**]을 클릭한다.

ㄷ 사용할 녹음파일을 누르면 글씨색이 흰색에서 빨간색으로 바뀌고 우측에 [+]가 생기는데, 그것을 클릭해야 타임라인에 녹음파일 레이어가 생긴다.

ㄹ 클립 아래로 녹음파일 레이어가 생성된 것을 확인할 수 있다.

ㅁ 영상 편집이 완성되었다면 우측 상단 모서리에 위치한 위를 향하는 화살표 모양을 클릭한다.

※ 키네마스터의 녹음 기능을 이용하여 바로 녹음이 가능하다.

ㅂ 내보내기 및 공유 화면이 나오면 해상도와 프레임 등을 원하는 값으로 수정하고 하단에 위치
한 [내보내기] 버튼을 클릭한다. 보통 해상도는 1080P, 프레임레이트는 30으로 하는 편이다.

ㅅ [내보내기] 버튼을 클릭하면 내보내기 중이라는 문구와 함께 바가 나오는데, 바에 빨간색이 다
채워질 때까지 닫거나 끄면 영상 내보내기가 완료되지 않는다.

○ 내보내기가 완료되면 우측 상단에 완료된 영상이 보이며 스마트폰의 사진첩이나 갤러리에서 확인할 수 있다.

ㅈ 내보내진 영상의 타이틀 옆의 버튼을 이용하면 재생도 가능하고 공유도 가능하다.